Supérate a través del

AUTOCONTROL

Supérate a través del

AUTOCONTROL

José Fco. González Ramírez

Copyright © EDIMAT LIBROS, S. A.
C/ Primavera, 35
Polígono Industrial El Malvar
28500 Arganda del Rey
MADRID-ESPAÑA

ISBN: 84-9764-325-9
Depósito legal: CO-00166-2003

Colección: Superación personal
Título: Autocontrol
Autor: José Francisco González Ramírez
Diseño de cubierta: Visión Gráfica
Impreso en: Graficromo S. A.

IMPRESO EN ESPAÑA – *PRINTED IN SPAIN*

INTRODUCCIÓN

El autocontrol es esencial para regular la existencia de cualquier sistema vivo o inorgánico, de cualquier sistema animal o humano. Esto quiere decir que cuando hablamos de autocontrol en la esencia humana, en su mente o su psique, nos estamos refiriendo a un hecho muy antiguo y muy primario. Este es el motivo por el cual no abordamos directamente el autocontrol de la conducta y la mente de los hombres desde el primer capítulo sin antes haber realizado una reflexión previa sobre el tema.

Por eso el primer capítulo de nuestra obra hace una consideración muy general sobre el equilibrio de los sistemas en el cosmos; es decir, el equilibrio en el cosmos es también la expresión del equilibrio en lo humano, pues no podemos entendernos sino como seres que habitan un sistema físico del cual somos parte.

Todas las cosas se regulan por sí mismas en fases diversas de cambio, por ejemplo, la muerte de una estrella es el fin de una fase que da principio a otro sistema que a su vez dará origen a una nueva estrella. Los puntos de cambio de los sistemas son fases de desequilibrio, de crisis, de derrumbe de un orden, y por la tendencia que todo tiene a la estabilidad hace posible la aparición de algo nuevo en equilibrio y autocontrol. Podríamos decir que esta es una ley primaria y universal por la que básicamente todas las cosas funcionan.

Esto tiene un reflejo en la realidad biológica, mental y social de los seres humanos, y ese es el contenido del segundo capítulo, que titulamos «Autocontrol y equilibrio en lo humano». Vivimos como en un triángulo equilátero donde el ser humano existe y donde su equilibrio es posible: un lado lo conforma su cuerpo, otro su mente, y un tercero la sociedad; cualquier desequilibrio en uno de esos tres lados produciría la desaparición del triángulo bajo su condición de equilátero. Cualquier desequilibrio en lo corporal, en lo mental o en lo social haría desaparecer la armonía del ser humano como tal, y podría entrar en una fase de descontrol y cambio. En este libro nos planteamos la pérdida del autocontrol con referencia a la realidad psicológica y social del individuo, y no a la corporal.

Nos planteamos, pues, cómo nos afectamos los unos a los otros, cómo si perdemos el control de nuestra conducta, en una sociedad extraña, nos podemos desequilibrar; cómo afecta esto a las cosas de la cotidianidad de la vida diaria. Influimos en el entorno y éste nos afecta a nosotros; de todo este proceso nace nuestra propia identidad autocontrolada o descontrolada...

En el capítulo tercero abordamos la temática de una de las conductas más animal y antigua que pueda existir, la conducta agresiva. Partimos de una idea: a toda frustración el individuo responde con una determinada conducta de descontrol —agresión (hacia sí mismo o hacia los demás)—; desarrollamos el concepto de una sociedad donde la frustración es frecuente, y nos preguntamos qué tipo de respuesta da el individuo ante esta realidad y cómo puede manejarla.

En una sociedad del descontrol se llega a la alienación —locura— con mucha facilidad, por lo que es necesario resucitar los valores humanos y el respeto. En una sociedad del desequilibrio se adoran becerros de oro; uno de ellos es la lucha sin tregua del éxito personal, no importa a qué precio. Esto lleva a una sociedad ferozmente competitiva, al despropósito, en la que ser el número uno es el mito más importante y peligroso. Todos los que quedan por debajo del número uno son seres frustrados. Seres que no han logrado su objetivo de vida en algún sentido. Esta es la ley de la máxima competencia, por otro lado absurda e inhumana.

En el capítulo cuarto abordamos la idea del conflicto como un hecho connatural a las conductas de descontrol personal. Creemos que el ser humano no puede escapar nunca de un cierto nivel de conflicto; existe un conflicto normal y otro patológico; se pueden desatascar los conflictos a través de la comunicación, de la afectividad, de la autoestima y del autocontrol.

En el capítulo quinto llegamos a analizar cosas frecuentes que nos hablan de la posibilidad de perder el control, y que popularmente se conoce con la expresión «perder los nervios».

Por ejemplo, todos nos creemos buenos aunque cometamos desmanes; esto lo llamamos teoría de la disonancia cognoscitiva: «no podemos admitirnos malos y buenos al mismo tiempo» (Al Capone creía ser un benefactor de la humanidad).

En el capítulo sexto nos planteamos el autocontrol en un ambiente muy concreto y esencial, como el que se da en el medio laboral. Una premisa fundamental es la de retomar el tema del conflicto en la empresa y los medios para evitarla.

En el capítulo séptimo abordamos el autocontrol desde la perspectiva de otro ambiente esencial para los seres humanos: el de la familia. El autocontrol es algo que poco a poco vamos aprendiendo en el medio familiar con relación a sus diversos miembros.

Existe un factor de autocontrol primordial: el control de las emociones básicas (alegría-tristeza, por ejemplo) en los niños muy pequeños, y luego todo el ámbito de la afectividad de cara al padre, a la madre y a los hermanos.

La familia es la base del autocontrol; si en este medio no se alcanza un grado de madurez adecuado, difícilmente podremos adquirirlo posteriormente.

En el capítulo octavo hablamos sobre el estrés, en el sentido de que podríamos considerarlo como un efecto directo de una cierta conducta descontrolada. Cuando no poseemos una vida dinámica equilibrada, autocontrolada, fenómenos como el estrés pueden provocar graves daños a nuestra salud psicológica y corporal.

En el capítulo noveno nos preguntamos si todo no es cuestión de hacer un alto en el camino y aprender a reflexionar, a relajarnos, a tomar el timón de nuestra vida a partir de mirar hacia el interior de nosotros mismos.

Esperamos que esta obra le haga pensar y le sirva para su autocontrol.

EL AUTOR

CAPÍTULO I

AUTOCONTROL Y EQUILIBRIO EN EL COSMOS

Los sistemas y su autocontrol

La palabra autocontrol, en principio, puede ser un concepto verbal de esos que suenan sin mucha pretensión; no es tan afortunado como si digo: *¡amor!,* por ejemplo.

Sin embargo, cuando cualquiera de nosotros mira a su alrededor a las cosas visibles e invisibles, a las cosas pequeñas o grandes, a lo que está cercano o lejano..., puede observar en seguida que todo posee un control, una interrelación, y lo más genuino es que ese control suele partir del interior del propio sistema, y a eso lo denominamos autocontrol.

El átomo, por ejemplo, se compone de electrones, protones y neutrones; la disposición de estos elementos y su funcionamiento es el autocontrol de ese sistema. La mente y el cuerpo de una persona son las partes del sistema de autocontrol humano, y así podríamos seguir indefinidamente.

La ruptura del autocontrol en un sistema

El Sol y sus planetas forman un sistema que internamente tiene unas leyes de funcionamiento según la mecánica celeste.

«Las estrellas, como cualquier otro objeto o ser vivo del cosmos, no son inmutables, sino que nacen, viven y mueren. O en palabras más concretas, tienen un proceso de formación, permanecen durante un largo período de tiempo en su ser de objeto celeste luminoso y, finalmente, dejan de existir como tales, al cesar la fuente de la energía causante de su brillo», nos explica Jesús Gómez.

Todo lo que existe tiende al equilibrio y se basa en leyes internas de autocontrol. Todo sistema, viviente o no, se autorregula.

El sistema solar, pues, posee su procedimiento de autocontrol. Cuando el Sol se transforme en un futuro lejano en una gigante estrella roja, el sistema romperá su equilibrio y, por tanto, el autocontrol que ahora observamos desaparecerá desbaratándose la estructura que conocemos y apareciendo otra nueva...

«Cuando una estrella con masa similar al Sol agota el hidrógeno de su núcleo, los extractos externos se expanden y se transforman en una gigante roja. Después, la atmósfera de los estratos

externos se dispersa, mientras la parte central vive bajo la forma de enana blanca», nos dice la revista *Newton.*

La enana blanca se transformará en gas interestelar; este gas se segmentará y se contraerá, y dará lugar a una protoestrella, de donde nacerá una estrella, que seguirá su ciclo evolutivo... Los sistemas se cierran en una especie de autocontrol evolutivo.

> Cuando un sistema entra en crisis se produce una fase de descontrol y, como consecuencia, aparece un sistema nuevo.

El hombre tiene un sistema de funcionamiento *mente-cuerpo* que sigue unos principios con relación al medio ambiente que le rodea y con respecto a sí mismo. Cuando este sistema rompe su equilibrio, pierde el autocontrol y aparece la enfermedad física y corporal, por ejemplo.

No es necesario que las partes principales de un sistema pierdan su equilibrio total, es posible que pueda tener rupturas que no alteren al sistema general. Por ejemplo, si en la Tierra cae un meteoro gigante sabemos que puede romper todo el equilibrio terrestre, produciéndose una catástrofe gigantesca, y quizá podría incluso extinguir la vida. Se cuenta que esta es una de las posibles causas por la que desaparecieron los dinosaurios. Pero esto no afectaría al sistema solar, que continuaría su evolución natural; es más, ese choque se presenta simplemente como una posibilidad más dentro del orden del sistema extraterrestre.

Lo mismo sucede con los seres humanos; puede existir una pérdida de autocontrol y de equilibrio momentáneo que no lleve a la enfermedad, pero sí producir su efecto sobre el acontecer de la vida diaria. Llegar a un cierto grado de neurosis, estar estresado, tener una vida de tensión continuada, poseer excesivos miedos o tener una personalidad inhibida, por ejemplo, puede llevar al ser humano a la pérdida del autocontrol; sin embargo, no podemos decir que el hombre que padece esto no tenga posibilidad de seguir evolucionando y cambiando como persona.

> El hombre pertenece a un sistema de vida entre otros muchos; sus mecanismos, como cualquier otro —sea orgánico o inorgánico—, precisan de un equilibrio autorregulador perfecto.

Las comparaciones son odiosas, pero pensamos que en todas las cosas que existen hay una tendencia general al equilibrio y al control (o autocontrol), y cuando éste se rompe se inicia un período de crisis y de cambio hacia otra realidad.

El autocontrol universal

El universo, con sus maravillosos mundos materiales, posee un autocontrol que se esconde en el alma de las leyes físicas. Un autocontrol que se ejerce en la evolución de la materia y cuyos marcos de referencia, en su mayoría, pasan por ser aún desconocidos para la ciencia de los hombres de hoy día.

Existe un vínculo de autocontrol y armonía en todas las cosas; sin eso nada podría ser posible.

Lo que se opone al control es el descontrol, el desorden, el caos… y con ello nos aproximamos a la idea de destrucción y muerte, o a la idea de transformación. Toda transformación pasa por el trauma del descontrol (o crisis) y el cambio: *antes era y ahora es...*

«Al despertar Gregorio Samsa una mañana, tras un sueño intranquilo, encontróse en su cama convertido en un monstruoso insecto. Hallábase echado sobre el duro caparazón de su espalda y, al alzar un poco la cabeza, vio la figura convexa de su vientre oscuro, surcado por curvadas callosidades, cuya prominencia apenas si podía aguantar la colcha, que estaba visiblemente a punto de escurrirse hasta el suelo. Innumerables patas, lamentablemente escuálidas en comparación con el grosor ordinario de sus piernas, ofrecían a sus ojos el espectáculo de una agitación sin consistencia.» (La Metamorfosis, Kafka)

El paso de la materia inorgánica a la orgánica, y de la orgánica a la vida, son puntos de inflexión misteriosos.

Todas las cosas funcionan de modo controlado; cuando el descontrol se hace dueño coyuntural en el tiempo del funcionamiento de las cosas, surge el accidente, la desaparición de lo que era antes como tal para pasar a ser otra cosa... Esto es una ley universal afecta a todo cuanto existe; ya veremos cómo esto es una realidad para la cotidianidad de la vida humana, cuya descripción es el fin de esta obra...

El autocontrol o el equilibrio de la materia

Me hizo soñar la obra de Oparin sobre la línea de la evolución, hace algunas décadas, en su obra *El origen de la Vida*. Cada vez es más evidente la teoría del *Big-bang*, esa explosión cósmica, quizá ya por los datos científicos obtenidos en estos tiempos, como un hecho consumado que da pie al origen del universo conocido hoy día.

Hay momentos de inflexión en la evolución general de las cosas que resultan realmente un misterio. Nosotros somos un producto de las últimas consecuencias de esa evolución general.

Era necesario que la materia primigenia (el huevo cósmico) pasase a una fase de *crisis* (descontrol) cuyo resultado fue una extraordinaria e inimaginable explosión universal (*Big-Bang*), que esparció la materia por el espacio e hizo de ese esparcimiento una realidad en evolución; una realidad que actualmente (gracias al autocontrol de ese esparcimiento y al equilibrio de las leyes cósmicas), nosotros disfrutamos en forma de tierra (mineral) y vida (vegetal y animal).

La explosión de las explosiones, la crisis de las crisis, engendró un proceso de evolución simple, y a la vez profundamente compleja, en todo el universo. Los pequeños y casi invisibles átomos tomaron nuevamente un protagonismo sin par. El carbono y el hidrógeno se tornaron, en nuestro mundo, esenciales para la arquitectura de la vida; sin ellos no podemos entender nuestra existencia: es el esqueleto de nuestra realidad elemental.

Más para llegar la vida, las leyes del equilibrio, del autocontrol, la materia tuvo que ir evolucionando y creciendo lentamente ...

Existen diversos períodos de evolución de la materia, en cuya fase de cambio y transformación hay puntos de inflexión, que generaron nuevas realidades; éstas son capaces de impregnar de misterio la existencia de animales y plantas, por supuesto la del hombre con su conciencia.

De una explosión primigenia (*big-bang*) surgió un universo en evolución del que nosotros somos hijos indirectos gracias a las posibilidades de mundos que generó...

La materia inorgánica pasó por inmensos procesos de transformación, hasta que, en un momento determinado, apareció una nueva dimensión (la evolución de la materia es un saco de sorpresas): la materia orgánica; ¿por qué es posible la existencia de la materia orgánica como evolución de la inorgánica...? ¡Misterio...!

Pero aquella nueva interpretación de la realidad, de la existencia, tomó nuevamente sus propias leyes de equilibrio y autocontrol, y comenzó una evolución sin par, hasta que, en un momento determinado, surgió algo realmente asombroso: ¡la vida...!

Un nuevo punto de inflexión en la existencia: ¿cómo entender que la materia orgánica se organizase para dar paso a los primeros seres unicelulares? ¿Cómo entender ese paso de la materia inorgánica a la aparición de los primeros seres vivos...? ¡Misterio...!

Pero, otra vez, esa nueva realidad evolucionó sobre el planeta, siguiendo las leyes del equilibrio y el autocontrol. La vida comenzó su realidad evolutiva. Los seres unicelulares se unieron y formaron otros seres que eran ya multicelulares, y se inició así la existencia de los primeros organismos vivos: ¿por qué...?

Cuando un sistema, como el humano, cambia, es de esperar una transformación de carácter positivo o negativo (puede ser biológico o mental).

Quizá todo se deba a la tendencia que las cosas tienen de equilibrarse y crecer desde el autocontrol, y renovarse y transformarse (leyes que parten desde el origen mismo del universo...)

Los seres multicelulares dieron lugar al reino vegetal y posibilitaron la existencia del mundo animal. Esos organismos, ya muy complejos, habían seguido las leyes de la biología (que significa vida) y el planeta se llenó de ellos; se regeneraron y transformaron continuamente; se inventaron a sí mismos y cambiaron el orden de la Naturaleza.

Como en una gran orquestación, los hijos de las estrellas vivían para evolucionar e inventarse, hasta que en un momento determinado apareció otro

Lo grande y lo pequeño, lo visible y lo invisible, se conjugaron en un sistema gigantesco, cuya capacidad de autocreación es un auténtico milagro...

punto de inflexión en la evolución de la materia, en un animal llamado hombre; despertó la conciencia en un grado nunca conocido anteriormente en otro animal, desde entonces la materia tomó razón de ella misma y se hizo objeto de su propia observación.

Era aquello una nueva interpretación de la existencia, en la que ahora nos encontramos embarcados los seres humanos: ¿cómo entender ese paso de la realidad animal a la humana en términos de conciencia y de desarrollo psíquico...? ¡Misterio...!

El hombre, como hijo de lo celeste, cumple una función más dentro del esquema de la creación, con su singularidad, y bajo las premisas de las leyes del Equilibrio y del Autocontrol.

Dice la Biblia:

«En el principio creó Dios los cielos y la tierra. La tierra era algo caótico y vacío, y tinieblas cubrían la superficie del abismo, mientras el espí-

ritu de Dios aleteaba sobre la superficie de las
aguas.

Dijo Dios: "Haya luz" y hubo luz. Vio Dios que
la luz estaba bien, y separó Dios la luz de las tinieblas. Llamó Dios a la luz "día", y a las tinieblas
llamó "noche". Y atardeció y amaneció el día primero.

Dijo Dios: "Haya un firmamento en medio de
las aguas, que las esté separando unas de otras."
Y así fue. E hizo Dios el firmamento, y separó las
aguas que hay debajo del firmamento, de las aguas
que hay encima del firmamento, y llamó Dios al
firmamento "cielos". Y atardeció y amaneció el
día segundo.

Dijo Dios: "Acumúlense las aguas de debajo de
los cielos en una sola masa y aparezca suelo
seco." Y así fue. Llamó Dios al suelo seco "tierra"
y al cúmulo de las aguas llamó "mares". Y vio
Dios que estaba bien.

Dijo Dios: "Brote la tierra verdor: hierbas de
semilla y árboles frutales que den sobre la tierra
fruto con su semilla dentro." Y así fue. Produjo la
tierra verdor: hierbas de semilla y árboles que den
fruto con la semilla dentro, según su especie. Y vio
Dios que estaba bien. Y amaneció el día tercero...

Dijo Dios: "Haya lumbreras en el firmamento
celeste para separar el día de la noche, y hagan de
señales para las solemnidades, para los días y
para los años, y hagan de lumbreras en el firmamento celeste para alumbrar sobre la tierra." Y así

fue. Hizo pues Dios las dos lumbreras mayores: la lumbrera grande para dominio del día, y la lumbrera pequeña para dominio de la noche, y las estrellas. Y las puso Dios en el firmamento celeste para alumbrar sobre la tierra, para dominar en el día y en la noche, y para separar la luz de las tinieblas. Y vio Dios que estaba bien. Y atardeció y amaneció el día cuarto.

Dijo Dios: "Bullan las aguas de bichos vivientes y revoloteen aves sobre la tierra contra la haz del firmamento celeste." Y así fue. Y creó Dios los grandes monstruos marinos y todos los seres vivientes que bullen serpeando en las aguas según su especie, y toda ave alada según su especie. Y vio Dios que estaba bien. Los bendijo Dios diciendo: "Sed fecundos y multiplicaos y llenad las aguas de los mares, y multiplíquense las aves en la tierra." Y atardeció y amaneció el día quinto.

Dijo Dios: "Produzca la tierra seres vivientes según su especie: ganados, sierpes y alimañas, según su especie." Y así fue. Hizo, pues, Dios las alimañas según su especie, y los ganados según su especie, y toda sierpe del suelo según su especie. Y vio Dios que estaba bien.

Dijo Dios: "Hagamos el hombre a imagen nuestra, según nuestra semejanza, y dominen en los peces del mar, en las aves del cielo, en los ganados y en todas las alimañas, y en toda sierpe que serpea sobre la tierra." Y creó Dios el hombre a imagen suya: a imagen de Dios le creó; macho y hembra los creó.

Y los bendijo Dios y les dijo: "Sed fecundos y multiplicaos, y llenad la tierra y sometedla; dominad en los peces del mar, en las aves del cielo y en todo animal que serpea sobre la tierra." Dijo Dios: "Mirad que os he dado toda la hierba de semilla que existe sobre la faz de toda la tierra y todo árbol que lleva fruto de semilla: eso os servirá de alimento. Y a todo animal terrestre, a toda ave de los cielos y a todo ser animado que se arrastra sobre la tierra, les doy por alimento toda hierba verde." Y así fue. Vio Dios todo cuanto había hecho, y he aquí que estaba muy bien. Y atardeció y amaneció el día sexto.

Así fueron concluidos los cielos y la tierra con todo su aparato, y el día séptimo cesó Dios de toda la tarea que había hecho. Y bendijo Dios el día séptimo y lo santificó, porque en él cesó Dios de toda la tarea creadora que había realizado.

Estos fueron los orígenes de los cielos y la tierra cuando fueron creados.»

Este relato bíblico desde luego no se corresponde con ninguna teoría científica evolucionista. Es una manera mágica de entender el origen de nuestro planeta y sus seres. Sin embargo, existe mucha hermosura que alude continuamente a la ley del Equilibrio y el Autocontrol que existe sobre todas las cosas.

Dios crea el mundo de un modo pausado, en un orden creciente, dejando para el final la creación del hombre, tal como también lo hizo la diosa Naturaleza.

¿Cuál es el misterio de todas estas cosas? Vamos a ver ahora cómo la ley del Equilibrio y el Autocontrol existe también en el universo de lo humano.

CAPÍTULO II

AUTOCONTROL Y EQUILIBRIO EN LO HUMANO

Nos afectamos los unos a los otros

El ser humano establece en su propia naturaleza personal y social una dinámica de continuo equilibrio, de un autocontrol que alude a procesos mentales internos y que afectan a las relaciones sociales.

Lo ideal es que la sociedad me afecte de un modo positivo para mi equilibrio y desarrollo personal, y yo afecte a la sociedad en el mismo sentido.

La lástima es que eso es una utopía; frecuentemente los seres humanos se afectan unos a otros de modo negativo; se destruyen con una saña inusitada *(entendemos por destrucción: no hacer que otros seres sean felices, por ejemplo).* Eso no quita que existan también aspectos positivos. Estamos sometidos a las tensiones de una sociedad estresada hasta límites insospechados, condicionados por una sociedad competitiva y de consumo, sin parangón en la historia de la humanidad.

El ser humano tiene que ir estableciendo un equilibrio continuo en todos los aspectos de su naturaleza corporal, mental y social...

Los hombres somos gregarios, no podemos vivir solos, necesitamos de los demás. Mantener un equilibrio continuo con nosotros mismos y con nuestro entorno está en la base del autocontrol, que podríamos denominar también como autodominio.

No perder el control para no vivir una vida de desequilibrio

Kirsta nos dice: «*Para sentir que controlamos la situación tenemos que desarrollar una manera de vivir saludable y a prueba de estrés. Durante los últimos años se ha generalizado la idea del bienestar integral, es decir de alimentarnos de manera equilibrada, de practicar ejercicios, de prevenir los peligros del alcohol, el tabaco y las drogas, o los riesgos de la contaminación y el deterioro ecológico.*»

Autocontrolarnos supone llevar una vida sana y de calidad en todos los sentidos.

Si el ser humano pierde el autocontrol, en parte, pierde el rumbo de su propia naturaleza y se produce el desequilibrio. En este polo podríamos incluir a las personas que tienen conductas desadaptadas, o se perturban en sus reacciones mentales.

El autocontrol podríamos definirlo, con relación a lo humano, como la dirección de la conducta y de la mente que nos permite adaptarnos a la realidad de nuestro entorno. Esto plantearía muchas cuestiones básicas y muy polémicas.

Hace algunas décadas Laing nos hubiera dicho que la sociedad, en sus patrones mentales, es como una formación de aviones que siguen una dirección; si un avión se sale de esa formación y continúa por otro rumbo diferente, ¿quién podría decirle que su trayectoria está confundida, y no el camino del conjunto de la formación de aviones?

> Que una persona se desvíe del rumbo que la mayoría sigue no significa que esté descontrolada, aunque sí pueda quedar marginada.

Los aviones representarían a la sociedad, y el rumbo, todo lo que ella encarna en términos de conductas y de valores. El avión solitario simboliza a la persona que no se adapta a las reglas de juego de la sociedad. En esta fase surge la marginación, la enfermedad mental y cualquier otro tipo de desadaptación social.

Pensamos que las personas implicadas en estos procesos, generalmente, suelen perder el autodominio, o el autocontrol de su vida; pierden el rumbo, la dirección, la adaptación al medio.

A esto lo llamamos enfermedad mental, pero ¿quién puede asegurarnos que los *locos*, o los desadaptados, no sean el conjunto de la sociedad? ¿Quién se atreve a decir que no sea la sociedad la que ha perdido el dominio de sí misma?

El descontrol en una sociedad algo extraña

Todos sabemos que nuestro género humano actual está, en la mayoría de los casos, en una sociedad alienada, y podríamos asegurar que el autocontrol social está roto; en esta situación, ¿qué rumbo seguimos?

Lo que la mayoría hace en la sociedad no significa que sea lo mejor; simplemente, es lo que hacemos, y puede ser también lo peor.

Podría ser que estuviésemos en el sendero de la autodestrucción. ¿Es que en el mundo no hay cosas que lo demuestren?

Las guerras son locura; las diferencias galácticas entre las riquezas de unos pueblos con respecto de otros, son locura. Cuando observamos que la mayoría de la gente en nuestro planeta pasa hambre, y está enferma, y está explotada, y sufre, es locura.

Es demencia la lucha desaforada y cruel por el poder cuando las cosas elementales están siendo obviadas continuamente; cuando los niños sufren y son explotados...

¿Está menos loca esta sociedad de barbarie que ese pobre hombre barbudo y desharrapado que habla solo en cualquier banco de la ciudad donde vive? Hubo un día que se echó a las aceras de las calles y se sintió marginado y decidió, sin posibilidad de elegir, ser un lobo estepario.

Es posible que este hombre perdiera el dominio sobre su persona, el autocontrol, pero eso no significa que la sociedad de donde procede tenga el autocontrol de sí misma y no sea una sociedad enloquecida, insensible y bárbara.

> El descontrol se caracteriza por un desorden en la conducta y en la personalidad: la enfermedad mental es, por ejemplo, un desorden de la mente.

Ese es el peligro que podemos correr hoy día: el de estar viviendo en una sociedad opulenta y rica, pero sin rumbo, sin destino, sin control, y eso es la muerte; en ese camino irán perdiéndose muchos de sus propios miembros, como en una guerra cruel se siembra el campo de batalla de muertos.

En una sociedad de locura, de falta de autocontrol, inmoral, las víctimas no están sólo en la utópica imagen del vagabundo, sino en el sufrimiento de los parados, en aquellos que finalmente se tornan delincuentes sin otra posibilidad, o se marginan con las drogas, o...

El autocontrol en la vida diaria

De cualquier modo, el autocontrol como fenómeno humano afecta a cualquiera de nosotros, es parte de nuestra esencia mental; se establece como una función de equilibrio, de adaptación al medio donde normalmente vivimos. Nos vale de autorregulación, de adaptación al principio de la realidad.

Cuando en la cotidianidad de nuestras vidas perdemos el autodominio es fácil también que perdamos la compostura frente a nosotros mismos y los demás; cuando esto sucede podemos vivir las consecuencias de una intensa tensión, que, fácilmente, puede volverse contra nosotros, de forma que nos produzca estrés y nos desequilibre. Normalmente la falta de autocontrol puede darse, casualmente, en nuestras vidas con una cierta frecuencia no patológica, pero que puede sumarse a nuestra vida de estrés.

> Es nuestro modo de vida el que nos lleva hacia un estrés que nos hace perder los nervios y autodescontrolarnos.

Resulta fácil ver estas cosas cuando consideramos con qué facilidad es capaz el ser humano de sentirse agresivo, de sentirse irritado, de sentirse triste, de estar defraudado, y todo eso puede llevarle a un cierto nivel de pérdida del autocontrol personal.

Más que nunca, en una sociedad como la nuestra, donde el estrés es realmente la enfermedad del siglo, *sacar los pies del plato* —como se dice popularmente— es realmente sencillo. Así me lo pareció cuando casualmente leí un artículo de Nieva, titulado *Vacaciones exageradas*. Esta-

> Nuestra sociedad actual está en un proceso de alienación muy profundo: ¿nos damos cuenta de nuestra «locura»?

mos en la sociedad de la exageración. Dice este autor, en referencia a nuestras costumbres veraniegas:

«*En vacaciones, lo que más al alcance está de todo el mundo es la posibilidad de agotarnos en cantidad de actividades y compromisos vanos, en el esfuerzo de divertirnos a toda costa... Esos veraneos de atracón sensorial y movimientos "desordenados", aunque me inculcasen cierta experiencia, no me aportaban mucha más salud y equilibrio...*

> Vivimos en una sociedad donde la exageración es la nota más frecuente; quizá sea un síntoma del frenético ritmo que nos imponemos.

—Pobre muchacho. Las vacaciones lo están matando. Se está dejando el pellejo en ellas...

¿Cómo es posible que eso nos pareciese un paraíso?... Eran —y son— vacaciones con un punto trágico, como si fueran las "últimas vacaciones" de nuestra vida, salpimentada por la angustia, por un sentimiento de peligro, alentadas por graves accidentes de carretera, por las bebidas adulteradas de las discotecas... El joven se encuentra en la realidad de las vacaciones como la fiera domesticada que retorna a la naturaleza, sin el menor deseo de volver hacia atrás, al método, a los estudios o a la férula de una colocación. Es lo que imprime un sello dramático a su comportamiento desalentado y convulsivo...»

Vivimos en la sociedad del descontrol y la exageración; no sólo para el mundo de los jóvenes sino para cualquier persona, no importa su edad y condición; no importa el tiempo o el lugar donde se viva...

El autocontrol en la vida diaria es un principio fundamental para vivir sin la tensión que produce todo lo que nos afecta en la actualidad por nuestro modo de vivir social.

Las *vacaciones exageradas* se producen porque creemos que con ello podemos escapar a nuestra realidad estresada y, por recompensa, nos alienamos más...

Hay que restablecer el equilibrio del universo en nuestras propias vidas, o nos autodestruiremos.

No podemos huir (hacia lugares...) o escondernos detrás de las cosas (dinero, trabajo...), hay que afrontar nuestra propia vida y su equilibrio... (aquí y ahora).

Muchas veces nos irritamos contra los demás y contra nosotros mismos; no sabemos bien por qué nos pasa o nos sentimos deprimidos y tristes, y es en todas estas cosas donde debemos ejercer el autodominio. O nos autodominamos o nos desequilibramos. O ejercemos el autocontrol personal sobre lo que nos influye desde fuera o podemos perder en esa influencia nuestro equilibrio.

«Es imposible hacer una distinción entre la salud física y el bienestar mental, pues ambos están estrechamente relacionados. A su vez el equilibrio mental y físico está determinado en gran par-

te por la manera en que nos comunicamos y nos relacionamos con otros seres humanos, y por la relación simbiótica entre la sociedad y el entorno», nos dice Alix Kirsta.

Las influencias del entorno

Lo que más puede afectar al ser humano y su equilibrio personal son todas las influencias que se relacionan con las emociones y los afectos; esto, claro, sucede frecuentemente en la vida cotidiana, porque arruinarse económicamente, por ejemplo, puede ejercer sobre una persona un efecto devastador, y nada tiene que ver con la cotidianidad de otras emociones más corrientes; pero, sin embargo, produce un efecto que, sabemos, en muchos casos ha llevado al máximo nivel de descontrol personal, quitándose el protagonista la propia vida.

> Lo que puede producir más daño al equilibrio cotidiano de las personas es el mundo de las emociones y de los sentimientos.

El suicidio es la mayor pérdida de autocontrol que un ser humano pueda experimentar, como aquellos otros que atenten contra la vida o la seguridad de los demás. El autodominio, pues, tiene sus límites, sus territorios y sus fronteras. Fuera de ellas lo que suceda es impredecible y puede llegar a lo inhumano.

El influjo del medio ambiente que nos rodea es lo que determina nuestra capacidad de autocontrol personal, que tiene, como todas las cosas en esta vida, diversidad de grados y matices, y que va a depender también de cómo sea cada cual y dónde nos desarrollemos.

Educarnos para el autocontrol es algo que se aprende ya en la familia.

Si fuésemos conscientes de que nuestra calidad de vida personal puede cambiar si mejorásemos nuestro autocontrol, quizá ejerciésemos sobre ella un cierto influjo educativo.

Podemos aprender a autodominarnos para ser más felices con nosotros mismos y, por supuesto, con los demás, y esto nos puede llevar a la armonía de las relaciones con los otros y con uno mismo.

A quien tiene dominio sobre sí mismo se le nota un halo especial de autoridad, de seguridad, que no lo tiene quien frecuentemente pierde los nervios, los papeles y otras cosas...

Quien tiene dominio sobre sí mismo es menos proclive a padecer estrés, a estar angustiado, a padecer depresiones. Se encuentra también más vinculado y con más empatía hacia el entorno que le rodea; o sea, más adaptado.

Ser una persona autocontrolada nos lleva a la autorrealización personal...

El autocontrol, o dominio personal, es fuente de salud mientras que las reacciones incontroladas, la pérdida del control, nos llevan hacia el caos, los problemas, e incluso la enfermedad.

Sabemos que hay situaciones en las que la pérdida del dominio personal es una reacción adaptativa: cuando vivimos situaciones muy traumáticas, como puede ser la pérdida repentina de un ser querido, o nos vemos sometidos a una situación tan desequilibrante como las de un accidente...

Nosotros aquí nos referiremos más al autocontrol de la vida cotidiana que a esas otras situaciones especiales que precisarían de intervenciones o ayudas terapéuticas especializadas.

Sabemos que hay una corriente de ayuda psicológica a las personas que viven catástrofes naturales, y que son necesarias precisamente porque los seres humanos, en situa-

> La falta de control humano ante catástrofes y situaciones extremas es un mecanismo de compensación ante la tensión del suceso.

ciones límites, no ejercen el mismo control sobre sí mismos que cuando no están en situaciones tan especiales.

A través del correo electrónico tuve conocimiento de una persona que en la ciudad de Melilla vivió una tragedia, y de la que realizó un trabajo documental del que expongo a continuación algunos fragmentos:

«El día 17 de noviembre de 1997 lucía en la ciudad de Melilla un sol pleno, sin nube alguna en el cielo. Por eso cuando a las doce del mediodía muchos ciudadanos fueron sorprendidos por una riada de barro miraron hacia arriba en busca de alguna explicación.

La incertidumbre producida fue tal que mucha gente optó por permanecer inmóvil allí donde se encontraba. *Otros muchos corrieron subiéndose en coches o cualquier lugar que les librara de ser llevados por el agua. Los menos afortunados, heridos y muertos, fracasaron en su intento.*

A mediodía, pocos minutos antes de que los colegios y guarderías abriesen sus puertas para dejar salir a los menores que permanecían en ellos, se desprende una pared de hormigón del depósito de agua que hay en la zona alta de la ciudad. Parte de esta pared baja sobre la ola que se produce como una tabla de surf y, al colisionar con los pilares de las casas bajas de una barriada, va cortándolos y derribando tabiques.

El mundo de las emociones puede ser de tal virulencia en su expresión que nunca sabemos cómo vamos a reaccionar hasta que no estamos en las situaciones.

El resultado es la muerte de una joven embarazada y sus dos hijos. En otra zona de la ciudad, más abajo, se encuentran numerosos comercios, algunos de ellos ambulantes, que se ven de repente inundados por esta ola de barro que se llevaba coches, personas, contenedores y todo lo que encontraba en su camino. Se dijo después que "era un río de tres minutos".

El caso más impactante fue el del joven de la comunidad gitana V, que había perdido a sus dos hijos y a su mujer embarazada. Aferrado a los pequeños zapatos de sus hijos se desconsolaba diciendo que era lo único que le quedaba de ellos. El estado que presentaba coincidía con el denominado síndrome de aflicción por catástrofe (Puertas, 1997).

La intervención en este caso consistió, en primer lugar, en proporcionarle apoyo físico (abrazo) que le permitiera desahogarse expresando lo que sentía, después de empatizar con él explicándole que era normal lo que sentía y que, a pesar de que nadie podía ponerse en su lugar, lo comprendía; se le pidió que adoptara un papel diferente, activo, apoyando a su madre y su suegra, que también sufrían, ya que (se asumió) él era más fuerte que ellas.

> Estamos tan acelerados en nuestra sociedad que pareciera que vamos a perder siempre el tren, por lo que en vez de vivir nos «desvivimos»...

También se cubrieron las necesidades físicas (bebidas y mantas para el frío). Se explicó y convenció a los familiares de la idoneidad de trasladar a algunos menores, en los que se había detectado preocupación e ideas irracionales y que permanecían en el tanatorio, a casas de familiares (se argumentó la baja temperatura, la necesidad de descanso de estos niños y que, al no tener que preocuparse de ellos, los mayores podrían centrarse más en expresar sus sentimientos).

Se trabajó en la detección de estrés postraumático. Muy especialmente se observó a los menores de las familias afectadas en los que apareció algún caso de ansiedad de separación. Una tercera línea de actuación fue la relacionada con la prevención, detección y mediación en conflictos interpersonales entre los acogidos en las diferentes residencias, ya que no tardaron en aparecer síntomas de irritabilidad e ira (Parada, 1996).

También hicieron aparición manifestaciones de indignación, y en otros casos una incesante búsqueda de información o de protección, llegando a revestir a las autoridades de rasgos paternales, síntoma encontrado en otros estudios (Puertas, 1997). *Para ello, y para detectar cualquier problema de carácter psicológico, se distribuyó el trabajo nombrando un responsable de cada zona que, en primer término, se presentaba en el lugar asignado y tomaba contacto con los afectados, intentando empatizar y crear un clima de confianza.*

> El autocontrol es posible si en todo lo que hacemos, si en todo lo que vivimos tomamos el timón...

La pérdida de tu hogar, de tus recuerdos y, en el peor de los casos, de tus seres queridos son acontecimientos que cambian la vida del afectado, en el que aparecen temores desproporcionados, problemas de sueño, depresión, todo tipo de trastorno de ansiedad con su sintomatología que interfieren en la vuelta a tener una vida "normal", nos cuenta Juan M. Fernández Millán.

Podemos estar más enteros incluso en situaciones profundamente traumáticas si nos educamos para el autocontrol, pero, cuando la afectividad y las emociones nos asaltan de una manera masiva como los casos que nos describe Fernández Millán, esto es muy difícil.

Pero a nosotros, en este libro, nos interesa más tratar la falta de autocontrol en la vida cotidiana y en las cosas corrientes del día a día.

La identidad de uno mismo y el autocontrol

Solamente cuando la persona está bien consigo misma, sabe quién es y cuáles son sus posibilidades puede, de alguna manera, decir que tiene control. Para autocontrolarse uno a sí mismo es necesario controlar todo lo que le rodea. Ser dueño de su propia vida.

En nuestra sociedad ser dueño de uno mismo se logra en un porcentaje mínimo y es muy complicado porque estamos influidos y condicionados por todo cuanto nos rodea. Y nuestro medio social nos influye normalmente de una manera bastante negativa (principalmente por el ritmo acelerado de nuestra existencia).

> De cuando en cuando es bueno recordar quiénes somos y hacia dónde nos dirigimos.

Somos víctimas del estrés, de nuestro trabajo, del consumo, de una vida acelerada, de una vida recelosa, de una vida sin tiempo... A veces tenemos prisa como un fin en sí mismo, y esa prisa no nos lleva a ninguna parte, no cumple ningún objetivo, sencillamente tenemos prisa.

Si pudiéramos ser dueños de nosotros mismos, quizá estableceríamos una tregua y nos plantearíamos de modo reflexivo qué objeto tiene todo lo que hacemos, adónde nos lleva.

Probablemente, podríamos asustarnos por la cantidad de cosas sin sentido que hacemos. Vivimos en una sociedad donde tenemos la sensación de que todo lo que hacemos es importante y vital; luego se analiza y resulta que lo que consideramos secundario es realmente la esencia y la «salsa de la vida».

El autocontrol es posible lograrlo cuando damos un verdadero sentido a todo lo que hacemos; cuando en nuestro interior nos encontramos con una densidad suficientemente humana como para tomar el timón de nuestras vidas.

Se habla mucho en nuestros días de la calidad de vida, y esta calidad se torna en simples consejos de salud referidos a una dieta, a un hacer deporte, practicar relajación, pero deberíamos pensar también que la calidad de vida pasa necesariamente por el cambio de hábitos, por la ruptura que debemos hacer con un medio o unas costumbres, o una situación (¡y eso cuesta!). Es demasiado gravoso, a veces, abandonar, dejar todo como si tal cosa...

Es muy difícil salirse del sistema; salirnos de los sistemas donde nosotros mismos nos metemos. Estamos en una sociedad donde las necesidades crecen, no tienen fin. El hombre es un devorador de necesidades. Continuamente se crea una nueva necesidad que resulta imprescindible para vivir, es un ogro que te mata.

Realmente, si pudiéramos despojarnos de todo cuanto tenemos, y quedarnos en la simplicidad de las cosas, quizá volveríamos a una vida social sencilla y al disfrute natural de las cosas. Pero eso parece un proyecto social imposible.

El hombre debe evolucionar por su vereda, por ese invento evolutivo que él mismo se crea día a día, y que nadie sabe adónde va: ¿a la plenitud o a la autodestrucción?

Debemos asumir aquello que tenemos, pero de un modo razonable, sin perder la salud ni el control sobre uno mismo.

Hay que estar muy preparados para ser controlados en una sociedad tan alienada como la nuestra, profundamente insensible para detectar aquello que realmente conviene para una vida de respeto hacia uno mismo y hacia los demás.

Vernos tal como somos, y aceptarnos, es la primera premisa para tener autocontrol sobre uno mismo. Deberíamos hacer una reflexión sobre esto.

CAPÍTULO III

CONDUCTA AGRESIVA Y FALTA DE AUTOCONTROL SOCIAL

Frustración y conflicto

Cuando el ser humano está sometido a situaciones que frustran sus expectativas, puede responder con una conducta de *descontrol*, en el sentido de que puede iniciarse un comportamiento, o una actitud, con tendencia negativa (quizá agresiva). Se dice en psicología experimental que *a toda frustración corresponde una agresión*.

Cuando el ser humano vive situaciones que le suponen introducirse en el terreno de la frustración, puede generar muchas expectativas de carácter agresivo. Esta agresividad puede quedarse de un modo latente en el individuo (en forma de pensamientos, conducta verbal, etc.); necesariamente no tiene por qué manifestarse en un conflicto externo de violencia. Claro que todo esto va a depender de la personalidad del individuo que esté implicado en el evento frustrante.

Las frustraciones que la persona vive son como un bombardeo que modela la personalidad del individuo.

Una persona que continuamente esté viviendo situaciones de frustración puede adquirir una personalidad patológica. Todo el mundo está sometido continuamente a un bombardeo social de frustración y conflicto, pero, al mismo tiempo, también se viven incesantes experiencias positivas que producen satisfacción. Es como si estuviésemos bailando sobre dos fuerzas antagónicas: Eros y Thanatos. Una es la energía de la vida y la otra lo es de la muerte.

Se dice que «a toda frustración corresponde una agresión».

Para regular estas tendencias antagónicas necesitamos gobernar nuestra mente y nuestro comportamiento. Es decir, necesitamos ordenarnos con una cierta capacidad de autocontrol o autodominio.

Cuando una persona tiene alta capacidad de autodominio personal, será más resistente a responder de modo negativo a cualquier situación, o evento, de frustración. Es decir, que será más impermeable y más fuerte a cualquier tipo de fracaso.

La frustración de una sociedad

El ser humano tiene que ir continuamente superándose a sí mismo; la vida es una continua lucha por la adaptación. Si en el conjunto de nuestras vidas solamente, o en un alto grado, hemos vivido situaciones frustrantes, esto puede justificar un desequilibrio en la personalidad, y podemos tener a una persona de carác-

ter, por ejemplo, muy agresivo y/o fuertemente contenido (inhibido, reprimido, tímido, con baja autoestima...).

Cuando una persona se siente frustrada no necesariamente tiene por qué arremeter contra el entorno;
puede hacerlo contra sí mismo.

Esto sucede en las personas tímidas, aunque el
tímido puede expresar un carácter agresivo en entornos
muy familiares...

La frustración siempre produce una herida que a la
vez repercute en el interior de uno mismo, o sobre el
exterior, en forma de comportamiento. Es decir, toda
frustración comporta necesariamente un grado de conflicto, personal o social.

No hace mucho leí en un periódico la noticia, cuyo
titular decía: «*Un hombre apuñala a su esposa porque
quería ver otro progra-
ma de televisión.*» Al
leer esto me dije: detrás
de ese comportamiento
criminal, tan exaltado,
deberían existir causas
suficientes, de tipo pato-

> Cuando la persona, en su
> vida, experimenta más
> frustración que situaciones
> placenteras, eso puede
> desequilibrarle.

lógico, como para que alguien llegue al extremo máximo de tal descontrol en su conducta.

La verdad es que en nuestras vidas corrientes (*¡gracias a Dios!*) no nos apuñalamos, ni nos abofeteamos...,
pero sí son frecuentes las salidas de tono: la disputa, el
embrollo y el lío agresivo, aunque no haya violencia
física... Esto último sí es cotidiano: ¿Por qué...? ¿Será
por nuestra forma de vivir?

Las personas de estas noticias eran mayores; dice el periodista:

> «*La pareja estaba viendo la televisión en el salón de su domicilio... La mujer quería ver un programa y su marido otro. No llegaron a un acuerdo y la discusión pasó pronto de las palabras al ataque del hombre. El delmiro dejó el mando a distancia y empuñó un cuchillo. Amenazante, se dirigió contra María Luisa: le asestó diez puñaladas que le hirieron en el abdomen, en el tórax y en el antebrazo.*»

Es imposible que un hecho tan trivial pueda producir, de modo automático, una respuesta tan brutal. Sin embargo, en la disputa se genera una situación de frustración que mueve a la agresión.

No es normal responder de un modo tan contundente. La disputa por algo, en cualquier hogar, resulta corriente, y existe también en ella una respuesta a la frustración que genera, pero la pérdida de control personal es menor y se traduce en un enfado, en unas palabras fuertes, etc.

> En cualquier hogar se dan respuestas agresivas a causa de la frustración.

Si alguien pasa con otra persona durante toda la vida una situación de frustración y conflicto, no podemos extrañarnos de que pudieran desencadenarse respuestas tan brutales. El subtítulo de esta noticia decía: «*La víctima ya había denunciado a su marido por malos tratos.*»

Nuestra sociedad es una sociedad donde se fomenta mucho la violencia como respuesta a cualquier cosa, por estúpida que sea. Somos impacientes, irascibles, irritables, no tenemos paciencia, protestamos, acusamos, enjuiciamos, prejuzgamos...

Así vemos a muchos jóvenes, seguidores de equipos de fútbol, cuyo absurdo comportamiento nos deja atónitos. Sin embargo, la violencia no es tan acusada ni manifiesta para la mayoría de las personas. Pero, en grado menor, estamos en una sociedad donde *sacar el pie del plato* es muy frecuente: tener prejuicios, ser racistas, despreciar...

> Nuestra sociedad es una sociedad de la exaltación y el conflicto.

Últimamente estamos muy acostumbrados a leer en la prensa la violencia que se propaga en los colegios. Nos seguimos preguntando, ¿por qué? En un artículo titulado *«Bronca en las aulas»*, la periodista Inmaculada de la Fuente nos dice que:

> *«La pérdida de autoridad de los padres y el aumento de la edad de escolarización obligatoria dispara la agresividad en los colegios.»*
>
> Añade: *«El 10 por 100 de los escolares tiene tendencias violentas o intolerantes, y esa actitud no excluye a ninguna clase social.»*

Estamos viendo que los escolares de hoy viven familiarizados con la violencia; les rodea por todas partes: ¿por qué nos extrañamos de sus tendencias? Es lógico que si uno *siembra tormentas recoja tempestades*.

¿No tenemos una televisión donde la programación violenta es a todas luces una provocación continua al delito? ¿No tenemos juegos electrónicos donde abundan, por encima de cualquier situación educativa, los de carácter violento?

Uno debería preguntarse: ¿de qué nos extrañamos? La familia y su extrema flexibilidad, su perniciosa actitud y tendencia a la hiperprotección, a consentirlo todo en sus hijos, a darlo todo sin límites ni medida... y otros muchos factores están provocando que surjan generaciones realmente muy violentas, generaciones muy egoístas que sólo desean recibir sin dar nada a cambio, en las que impera un ego fortísimo.

> Los programas de televisión tal como están concebidos en la actualidad son (en su mayoría) un mal para el desarrollo de la personalidad.

Nosotros no decimos: *¡Todos son violentos!*, pero que un 10 por 100 de los escolares tengan tendencias violentas es una estadística alarmante.

«La presencia de vigilantes es sólo un síntoma, pero no el más importante. El pasado 20 de febrero, en Torremolinos (Málaga), un alumno de Formación Profesional se enzarzó en una discusión con su profesor por discrepar sobre una nota y su

primera intención fue darle con un martillo, herramienta que formaba parte del material escolar de la clase. Sus compañeros impidieron que tomara el martillo y, en su defecto, utilizó un tablón de madera... En un centro de Vallecas (Madrid), hace un año, un alumno propinó a una profesora una bofetada. En Palomeras, el claustro se quedó estupefacto cuando supo que un alumno había lanzado en clase un grueso insulto a su profesora... En Getafe, una profesora sufrió el curso pasado situaciones intimidatorias mientras se hacía cargo de un curso considerado difícil: "Ten cuidado, guapa, que alguien te va a esperar a la salida y te va a dar un par de hostias", escuchó alguna vez...», nos dice Inmaculada de la Fuente en su artículo.

> Si la sociedad es la que invita a la violencia: ¿por qué nos extrañamos de que exista...?

La violencia es una realidad que cada año cobra un volumen mayor de adictos: ¿Qué está pasando en nuestra sociedad para que esto funcione así? Sólo hay que echar un vistazo a su alrededor. La violencia es una salida a la frustración, pero es la peor de las salidas y la más brutal. Nadie se hace violento porque sí. La violencia se aprende, no surge de repente: sus causas normalmente son sociales y familiares...

La violencia es una respuesta a la frustración de las personas, pero también lo es la inactividad, la incomunicación...

Dice Inmaculada: «*La agresividad no siempre adopta un lenguaje estridente; a menudo es tan pasiva que roza la incomunicación y el silencio. Así lo ha vivido la madre que llamó a media mañana al instituto de su hija, un vetusto edificio del centro de Madrid, y preguntó por la jefa de estudios. "¿Qué hago para que mi hija se levante y vaya a clase? No puedo con ella." En su voz había angustia, decepción y rabia. No hubo una respuesta que acallara esa impotencia. No había recetas. Poco podían hacer los profesores por una madre que no era capaz de conseguir que su hija se levantara. Pero el hecho no era trivial ni nuevo: los institutos empiezan a recibir un reguero de adolescentes, hijos de padres pusilánimes o reacios a ejercer cualquier signo de autoridad, que no aceptan imposiciones... ¿Para qué esforzarse? En unos y otros está aflorando una actitud de resistencia: no van a clase o, si acuden, utilizan la agresividad como un disfraz para ocultar sus frutracciones.*»

> Todos somos, en alguna medida, responsables de lo que sucede a nuestro alrededor.

Y esta es una realidad que nos aplasta cada día más, y con mayores indicios de tornarse en una rebelión colectiva. No hay que taparse los ojos, no hay que hacer como el avestruz: todos somos responsables; no podemos achacar a esos niños y jóvenes toda la responsabilidad de sus actos cuando existen padres que no saben serlo, por uno o muchos motivos; cuando exponemos su sensibilidad a tanta y tanta basura antieducativa y antipedagógica...

¿De qué nos extrañamos? Nuestra sociedad, ¿no es el reino de la frustración? ¿No dicen los psicólogos que necesa-

> Los niños y los jóvenes se integran al mundo adulto a través de modelos; esto lo sabe muy bien la publicidad.

riamente a *toda frustración corresponde una agresión?* ¿No es la frustración la base del conflicto?

«*"A la salida te rajo" o "Te pincho las ruedas del coche". En principio, sólo amenazas. A menudo el comienzo de una intimidación, un chantaje, una tortura. Métodos de telefilme barato y matones resabiados que se filtran en el mundo escolar como reflejo de una sociedad que admite peligrosos grados de violencia...*», nos cuenta Inmaculada en su artículo.

Sería muy fácil hacer un juicio y condenar al culpable. Pero, ¿quién es el verdadero culpable?: la sociedad.

Resucitar el respeto hacia los demás

Me atrajo, al respecto de este tema de *juicios,* la idea que vertía el novelista Saramago en un artículo de Emma Rodríguez, diciendo: «*Hay que resucitar el respeto por los demás.*» Este autor, en su *Ensayo sobre la ceguera,* hace alusión directa a los males de nuestro tiempo: *«No podemos vivir sin pensar, no podemos creer que la vida consiste solamente en disfrutar del día a día.»* Y eso es un mal de nuestro tiempo: todo está para el disfrute; a veces, ese disfrute se extiende como un imperio de egoísmo que agota y arrasa todo cuanto toca: todo debería estar para el amor...

> La indiferencia es un mal terrible que está muy frecuentemente en nuestras vidas.

Para Saramago nuestra sociedad *«va de un polo a otro, de la indiferencia a la violencia».* Por eso hay jóvenes de un pasotismo inusitado, y otros, de una violencia insultante, pero es hablar de lo mismo.

Dice este autor, en el artículo de Emma, que *«muchos de nosotros no somos violentos, pero no podemos evitar la indiferencia. Y hay que hacer algo al respecto, eso que los políticos con el poder de las finanzas no hacen».*

La indiferencia es un cáncer, permite cualquier cosa. Si estamos en una sociedad de indiferentes, ¿qué podemos esperar?

Ser indiferentes es participar del mal, es generar ese mal que tememos. Estamos en una sociedad contradictoria e hipócrita. Y en esa contradicción también hay muchos gestos de solidaridad y sensibilidad; pero no es suficiente para voltear tanta indiferencia, tanto egocentrismo egoísta. Estamos en crisis.

Dice Saramago: *«Sí, atravesamos por un período de crisis, pero se trata de una crisis en las relacio-*

nes humanas que no se resolverá mientras sigamos moviéndonos con el objetivo del triunfo personal por encima de todo y de todos, mientras sigamos olvidándonos del "ser" y reduciendo la vida al concepto de "tener".»

Pues esto es lo que están viviendo de continuo los niños y los jóvenes en la mayoría de los hogares, y la educación misma propala estos ideales con su práctica. ¿Por qué, pues, nos extrañamos de que los jóvenes sean pasotas o agresivos? Es la consecuencia: la pérdida en el autocontrol personal por falta de valores éticos y morales que no van más allá del propio individualismo. Estamos en una sociedad profundamente egoísta y de una superficialidad extraordinaria.

«No creo que haya que cambiar de valores, simplemente se trata de resucitarlos, de pensar, por ejemplo, en lo absurdo que es ver a la juventud como valor absoluto y a la vejez como algo molesto, despreciable, que ofende a la belleza. Hemos excluido el respeto y la solidaridad de nuestras vidas y debemos reconducir el camino, tratar con respeto al otro, a la indiferencia de los otros», dice en este artículo Saramago.

Existe descontrol en la conducta de los humanos cuando se pierde el norte. Los valores morales y éticos permiten la gobernabilidad de nuestro comportamiento; en otro caso, todo se vuelve un sin sentido. Nos sucede lo que vemos en nuestra sociedad de la satisfacción personal y la competencia, del individualismo y la *amoralidad...*

«No hagamos a los demás lo que no nos gustaría que nos hicieran a nosotros... Somos nosotros los que tenemos que salvarnos, y sólo es posible con una postura ciudadana ética, aunque pueda sonar antiguo y anacrónico...», dice Saramago.

El becerro de oro de nuestra sociedad

Y es que vamos persiguiendo paraísos ilusorios; pero esa es una carrera loca hacia ninguna parte. Nuestra conducta está descontrolada aunque creamos que todo lo tenemos controlado. Nuestro becerro de oro es triunfar, tener éxito..., ¿y lo conseguimos?

Estamos tan interesados por «el mundo» que no vemos que un día habremos de dejarlo...

Parece que nunca nos vamos a morir, y negamos la muerte, y la apartamos de nosotros, y la retiramos para vivirla sólo de cuando en cuando, y olvidarnos de ella (se nos mueren los familiares, los amigos...). Negamos la vejez porque deseamos ser eternamente jóvenes, y recluimos la ancianidad en la negación. Parece que nunca vamos a enloquecer y apartamos la locura a las catacumbas de la ignorancia...

Sin embargo, adoramos al becerro de oro, el triunfo (queremos ser los primeros, los mejores, los que más tienen, los que mejor viven, aunque no lo digamos...), y somos capaces de dar por ello nuestra vida: luchar en la competencia hasta convertirnos en adictos al trabajo y tener estrés y depresiones, y padecer enfermedades...

Por eso vivimos lo que vivimos, y estamos tan desarraigados, porque al final todo lo que adoramos es un becerro de oro, un soplo de nada...

> *«¿Y ha de morir contigo el mundo mago*
> *donde guarda el recuerdo*
> *los hábitos más puros de la vida,*
> *la blanca sombra del amor primero,*
> *la voz que fue a tu corazón,*
> *la mano que tú querías retener en sueños,*
> *y todos los amores*
> *que llegaron al alma, al hondo cielo?*
> *¿Y ha de morir contigo el mundo tuyo,*
> *la vieja vida en orden tuyo y nuevo?*
> *¿Los yunques y crisoles de tu alma*
> *trabajan para el polvo y para el viento.»*

ANTONIO MACHADO

«Hubo un tiempo en el que los hombres buscaban el elixir de la eterna juventud; hoy sólo deseamos encontrar el secreto del éxito. Alquimistas del tercer milenio, los más diversos especialistas intercambian fórmulas magistrales para conquistar las cumbres más elevadas: autoestima, ambición, trabajo,

capacidad de comunicación, acaso una pizca de suerte... Pero allá arriba, el paisaje no resulta siempre tan hermoso como lo pintan. Un número considerable de triunfadores sufre el "mal" de altura, una enfermedad finisecular de inquietantes síntomas: soledad, depresión, vacío, adicción al trabajo, problemas familiares, dolencias cardiovasculares, cambios de carácter... De éxito también se muere, por eso hay que saber llegar y hay que elegir bien la cima», nos dice Ana Muñoz en un artículo.

Este es el panorama de nuestra alocada sociedad del bienestar: ¿Estamos cuerdos para soportar estas metas de vida? Así la vida no es un sueño, es una pesadilla... ¡Cuánta parafernalia...!

(*«Desnuda está la tierra, y el alma aúlla al horizonte pálido como loba famélica. ¿Qué buscas, poeta, en el ocaso?»* A. Machado.)

La sociedad tiene gestos altamente solidarios, a nivel colectivo; todos lo observamos en fenómenos como los de Ermua, pero existen otros niveles en los que eso no es así...

El descontrol de nuestro comportamiento da lugar a una vida arrasada de ocaso. Esas cimas son ilusiones banales. Sólo el valor de un gesto solidario anularía tanta ansiedad de éxito, de protagonismo, de individualidad...

Nos sigue diciendo Ana Muñoz:

«A sus treinta y nueve años Félix encarna al triunfador de nuestros días: sueldo de directivo en una multinacional, traje de firma, dos coches caros y bien guardados; un piso de lujo a las afueras de Madrid, vacaciones fuera... El

«Triunfar» es el mito de nuestra sociedad, algunos lo hacen a toda costa, sin importarles los medios...

marido que todas las madres querrían para sus hijas. Todas excepto su suegra, testigo casi siempre mudo de un divorcio "por las malas". De natural ambicioso, un buen día Félix fue recompensado por su esfuerzo con un ascenso que le dio alas. En pleno vuelo, perdió de vista la tierra: jornadas laborales de sol a sol, fines de semana incluidos noches en blanco, un humor de perros... Preso de la ansiedad y enfermo del estómago, visitó al médico en tres ocasiones, pero nunca terminó el tratamiento. "Este no se entera", decía.

Los problemas se agudizaron cuando el dinero no pudo comprar más paz en el hogar: sólo catorce horas después del nacimiento de su segundo hijo apareció en la clínica, totalmente exhausto, con un ramo de excusas. Para entonces Félix ya no podía levantar el pie del acelerador. Al igual que en muchos otros casos (el mal es cada vez más frecuente), el trabajo, antigua maldición bíblica, se había convertido en fuente indirecta de placer —como señala el catedrático de psiquiatría Francisco Alonso—, en llave de

entrada a ciertos círculos cerrados donde satisfacer
ambiciones. Hoy la alarma de su cronógrafo último
modelo le avisa que son las ocho de la tarde y tiene
que abandonar "por narices" la oficina. Si un hada
madrina le concediera un deseo, pediría ser un fra-
casado. Sin duda, exagera...»

Habría que preguntarle al tal Félix qué entiende por
ser un fracasado. Porque es muy probable que aquello
que nuestra sociedad considera fracaso muchas veces
está relacionado con la vida de calidad.

Esa lucha terrible hacia el éxito es lo que está
impregnando toda la actividad humana de nuestra cultura, y eso nos enloquece, nos aliena hasta el punto de
vivir en una sensación de descontrol generalizado:
todo parece que se nos escapa de las manos...

CAPÍTULO IV

ALGUNAS IDEAS PARA EVITAR EL CONFLICTO

El conflicto es parte de la Naturaleza

Dos no pelean si uno no quiere, dice el dicho popular. La verdad es que el conflicto puede, muy bien, ser evitado cuando hay un deseo profundo de que esto suceda.

Gandhi venció a un imperio con su postura de paz. Hay que ser, desde luego, muy autocontrolado y tener un dominio muy profundo de sí mismo para no perder los nervios. Aquellos que lo consiguen son personas admirables y de gran personalidad. Es mucho más fácil dejarse conducir por el impulso agresivo que todos llevamos dentro, por el deseo de venganza, pero resulta altamente civilizador no hacerlo. La cultura va contra el instinto, decía Freud, hace ya bastantes años, y Cristo enseña a poner la otra mejilla; claro que en nuestra sociedad esto resulta una especie de gran estupidez, pues impera mucho más el *ojo por ojo y diente por diente.*

La conflictividad es algo natural a la esencia, no sólo de los seres humanos, sino del conjunto del reino animal (unos mueren para que otros sobrevivan). La Naturaleza nos enseña a intentar triunfar en el conflicto. El conflicto es como una tensión propia de la vida, claro que en lo humano a veces esto se torna monstruosidad (pensemos en Hitler y la Segunda Guerra Mundial).

Inventada por los humanos una nueva naturaleza, esa ley quedó abolida gracias a la cultura. La cultura se opone al instinto, aunque esto sea un mero espejismo para la sociedad actual; sin embargo, los seres humanos formulan, desde el plano intelectual, esta opción contranatura. La misma democracia, en su definición, es una expresión de este deseo humanizador...

> Parece que hay un antagonismo entre la cultura y el instituto que ya Freud puso en evidencia.

«*El rendirse o el abandonarse en una situación de conflicto sería el resultado de un equilibrio adverso del poder y estaría asociado con el organismo más débil. En psicología el término usado es "sumisión", asociado por lo común a Dominancia-Sumisión o Ascendencia-Sumisión. Si bien todos los organismos vivientes están sujetos a este tipo de relaciones y conductas, el concepto de sumisión bajo la coerción o la presión es extraño al concepto de crecimiento y carece de relación con él...*», nos dice Henry P. Davis y Cols.

Sobre el conflicto

El conflicto y la tensión son inevitables cuando los individuos y los grupos se juntan. Para Bernard: *«los esquemas sociales de la tensión, el conflicto y el pacto son inevitables, porque parecen ser inherentes al concepto de voluntad libre en un ambiente cambiante».*
Bennis y Kelly:

> *«Bennis enuncia que formular los objetivos para manejar el conflicto y promover la colaboración es uno de los ocho principales objetivos de la organización y Kelly sugiere que el conflicto y la tensión son benéficos (dentro de ciertos límites) si reflejan el involucramiento que promueve el desafío, la mayor atención y el esfuerzo. La tesis resultante es que demasiada poca manifestación de conflicto es estancamiento, pero el conflicto descontrolado amenaza caos. Puesto que los individuos y las organizaciones tienen diferentes habilidades para resistir la tensión, es necesaria en un nivel adecuado. En resumen, no es el conflicto en sí lo que es alarmante, sino su mala administración»* (Goser).

El conflicto es inherente al encuentro entre los seres humanos.

La comunicación evita el conflicto

La integración, la superación del conflicto, pasa necesariamente por la comunicación. Cuando el ser humano se motiva a superar el conflicto no puede hacerlo sin intermediar la comunicación.

Un conflicto puede resolverse por la imposición de un ser sobre otro ser, a esto se le denomina una comunicación de arriba abajo, de autoritarismos *(yo te ordeno y tú obedeces)*.

Existen muchos tipos de autoritarismos. Es fácil encontrar en la familia que el padre o la madre en la resolución de conflictos regule con autoridad la conducta de los hijos. Cuando esta fórmula se traduce en una manera

> Es la comunicación la que libera al hombre de la tensión del conflicto.

de hacer política tenemos la dictadura, donde la comunicación, para resolver conflictos, es unilateral, y la perdida de libertad de la mayoría es notoria.

Las dictaduras como fórmula para resolver conflictos nacionales son catastróficas. Sin embargo, un presidente, en una democracia, para resolver conflictos se inviste de la autoridad que el pueblo le confiere. El ser humano gana en libertad porque participa en el proceso *(existe un «yo te ordeno y tú obedeces», pero permitido por la fuerza de las urnas)*.

La mejor comunicación, para evitar el conflicto, es la que se establece como mínimo entre dos partes; resulta bilateral, abierta, franca y con canales por donde circulan aspectos significativos. Sólo en esta circunstancia cualquier conflicto puede ser superado de modo satisfactorio para ambas partes. Está claro que en política esa es la esencia de la democracia...

«El "clima democrático" es la relación productiva de una conducta socialmente integradora que en el grupo es circular y autorrenovadora. Hay una aceptación mutua y una colaboración recíproca, "trabajando juntos para objetivos comunes"», dice Henry.

Como es imposible que dos personas coincidan en todas las cosas en un 100 por 100, las diferencias son susceptibles de generar algún grado de conflicto mínimo.

«Es imposible que exista en las relaciones humanas una armonía perfecta. Ésta requeriría una comprensión perfecta de los deseos y objetivos de los demás, así como de los propios. En el nivel más alto de armonía en las relaciones humanas, cada persona ocasiona algún inconveniente a las que le rodean; cada persona ve un poco restringida su propia espontaneidad por la conducta *a través de la cual los demás buscan su propio bien. Cada una de las personas da por sentado un grado considerable de tales inconvenientes. Continúa estimando a sus amigos, continúa gozando de la relación con ellos; no guarda rencor por los inconvenientes de menor importancia. Continúa evidenciando mucha espontaneidad en la propia*

> Las personas siempre discreparan en algún grado, y esa discrepancia es la base del conflicto.

conducta y aceptando un alto grado de espontanei-
dad en la de ellos. En esta relación no tiene sentido
hablar de conflicto, agresión, hostilidad, temor o
mecanismos de defensa», nos dice Henry.

Ser afectivos con el otro

No hay mejor forma de evitar el conflicto que
ponerse en lugar del otro o *querer al otro como se*
quiere uno a sí mismo. La empatía en la relación frente a la hostilidad. La actitud abierta frente a la obcecación. A veces hace milagros sonreír a la persona que
tenemos al lado. Evitar los perjuicios en la relación con
el otro es aspecto necesario para no entrar a *quema-*
rropa sobre los demás.

El mismo respeto que pedimos para nosotros lo
debemos dar a quien tenemos al lado; si lo damos y
otros no nos lo dan debe-
mos capacitarnos en la
paciencia, en la resistencia y en la tolerancia
interior. Esto sabemos
que no es fácil; controlar

> Ponerse en lugar del otro
> es el mejor ejercicio para
> resolver discrepancias
> y conflictos.

los nervios, a veces, es una cuestión de freno personal,
y *contar hasta cien,* una forma de autodominio.

Tener la boca abierta, protestar por todo, no importa si se lleva o no se lleva razón, es algo fácil y cotidiano; lo hace mucha gente con una frecuencia rayana
en lo vulgar. ¡Eso no tiene valor! Lo difícil es ser autocontrolado, tener dominio de uno mismo.

«*Amor a los enemigos.*

Pero yo os digo a los que me escucháis: Amad a vuestros enemigos, haced bien a los que os odian, bendecid a los que os maldigan, rogad por los que os maltratan. Al que te hiere en una mejilla, preséntale también la otra, y al que te quita el manto no le niegues la túnica. Da todo al que te pida, y al que toma lo tuyo no se lo reclames. Y lo que queráis que los hombres os hagan, hacédselo vosotros igualmente. Si amáis a los que os aman, ¿qué mérito tenéis? Pues también los pecadores aman a los que les aman. Si hacéis bien a los que os lo hacen a vosotros, ¿qué mérito tenéis? ¡También los pecadores hacen otro tanto! Si prestáis a aquellos de quienes esperáis recibir, ¿qué méritos tenéis? También los pecadores prestan a los pecadores para recibir lo correspondiente. Más bien, amad a vuestros enemigos; haced el bien y prestad sin

El mensaje cristiano resuelve el conflicto de un modo realmente extraordinario.

esperar nada a cambio, y vuestra recompensa será grande, y seréis hijos del Altísimo porque él es bueno con los ingratos y los perversos», dijo Cristo hace casi dos mil años.

Lo bueno es que todo esto, tan antiguo y tan profundo, es hoy día, para la mayoría de los humanos, un imposible, una utopía, una destartalada locura (algo ridículo de poder hacer o vivir). Y quizá, lo que se practica en la cotidianidad de la vida es todo lo contrario; sin embargo, este mensaje es estremecedor; es la manifestación intelectual humana más sorprendente de madurez

> La autoestima positiva es la piedra angular en la que se basa el autocontrol personal.

y autocontrol que, sobre el propio comportamiento humano, jamás se ha podido describir. Va contra todos los principios instintivos básicos del ser humano, y nos adentra hacia el sentido de la más alta cultura y sensibilidad que se puede concebir en lo humano.

La autoestima personal en el ámbito del autocontrol

1. *Autoestima como valor*

La persona se valúa a sí mismo. Se aprueba o se desaprueba con relación a lo que los demás piensan de él...

a) Autoestima positiva:
   Éxito, seguridad en sí mismo, motivación, activación por el trabajo y la integración, no conflicto y adaptación de conducta, madurez...
b) Autoestima negativa:
   – Fracaso, carencia de éxito, frustración y conflicto.
   – Desadaptaciones sociales, problemas de conducta.
   – Es la base del fracaso en la vida.

2. *Hacia el autodescubrimiento «Eres capaz de hacerlo y esto lo demuestra.»*

Con esta frase el otro contradice una valoración negativa que una persona tiene sobre sí misma.

a) Persona:
   – *Yo no sabía que podía hacerlo y he sido capaz*: La persona valora de lo que es capaz, y eso favorece su propia autoestima positiva.
   – Conclusión: La persona se motiva, lo basa en su vida. Son experiencias externas que influyen en las internas.

3. *Personalidad y autoestima* (Teoría de Berne)
   – ¿Qué significa armonía y equilibrio de los estados del Yo...?
   – Se refiere a vivir la autoestima en un clima de espontaneidad, percepción y conocimiento para comprender el mundo de la intimidad.
   – Los padres enseñan a sus hijos desde el nacimiento cómo comportarse, pensar, sentir y percibir sobre sí mismos. Enseñan a sus hijos a autoestimarse o a despreciarse, a sentirse bien o a sentirse mal.
   – Si nuestra autoestima es alta, la acrecentaremos. Si es mortecina, podemos ayudarnos a que se inicie el camino para que sea positiva.

4. *Aprendemos autoestima* (Carmen Larrán y
   Rafael Sáez)

a) Da las caricias que correspondan a tu ser, a tu familia, a tu crecimiento, a tu salud, a tu inteligencia.
b) Acepta las caricias positivas que mereces por ser tú, por tu energía, por tu fuerza emocional y espiritual, física e intelectual.
c) Pide las caricias positivas que necesitas para crecer en la autoestima de aquellos aspectos o ámbitos personales que no se han desarrollado todavía.
d) No aceptes de nadie las caricias negativas destructivas que pretendan darte.
e) Date caricias positivas evitando falsas modestias y vergüenza. Dite cosas bonitas y verdaderas acerca de ti mismo. Emplea palabras sobre ti mismo que signifiquen bondad, estima y valer.

> Hay que evitar que nos afecten aquellas cosas negativas que los demás nos proyectan.

El ser nunca olvida. En él se acumulan experiencias, mensajes, mandatos, normas, traumas, descalificaciones, etc. Estos mensajes contribuyen a que la persona tenga una autoestima positiva o una autoestima baja o negativa. Podemos concretar algunos ámbitos.

Respecto a la autoestima de nuestro ser, nuestra presencia en el mundo pudo ser querida o negada. La calidad de nuestra autoestima va a estar en relación proporcional a ser deseados, queridos, esperados, o más bien llegamos en un momento inadecuado física, económica o afectivamente. En este caso se nos pudo enviar el mensaje: «No seas», «No vivas», «No estés bien», «No seas cuerdo»...

Cuando las personas creen que estos mandatos son ciertos, entonces éstos se convierten en parte de la imagen que tienen de sí mismos, creando un sentimiento de estar mal.

Ante estos y otros múltiples mensajes parentales, la actitud de autocontrol será, en primer lugar, conocerlos, darnos cuenta

> Lo que los demás hacen con respecto a cada uno influye en cómo nos valoremos.

que están ahí y nos manipulan, nos hacen ver nuestra estima con el color de los cristales de estos mensajes y aprender a cambiarlos por mandatos positivos. La evaluación que hace el individuo, y que generalmente mantiene frente a sí mismo, expresa una actitud de aprobación o desaprobación e indica el grado en que el individuo se considera capaz, importante, con éxito y valioso. En resumen, la autoestima es un juicio personal de valor que se expresa mediante

> Podemos entrar en un fuerte conflicto con nosotros mismos cuando nos dejamos influir por lo que los demás dicen o sienten sobre nosotros.

las actitudes que el individuo mantiene frente a sí mismo.

5. *Coopersmith*

«La autoestima es la evaluación que hace el individuo, y que generalmente mantiene frente a sí mismo:

expresa una actitud de aprobación o desaprobación e indica el grado en que el individuo se considera capaz, importante, con éxito y valioso. En resumen, la autoestima es un juicio personal de valor que se expresa mediante las actitudes que el individuo mantiene frente a sí mismo.»

6. *Rosemberg*
  – «*La autoestima es la dirección de la actitud hacia sí mismo.*»
  – «*La autoestima se aprende y como consecuencia se puede cambiar.*»
  «*La manera en que nos vemos a nosotros mismos determina cada uno de nuestros actos. Si tienes confianza en ti mismo y te valoras, sentirás que controlas tus actos y tu destino*», nos dice Kista.

La autoestima es fuente de éxito personal cuando nos proporciona:
• Seguridad.
• Prestigio.
• Nos hace sentir bien y felices.
Nos da:
• Capacidad.
• Integración personal.
• Mejora nuestra capacidad de relacionarnos con los demás.
• Nos da un sentimiento positivo sobre nosotros mismos.
• Permite que los demás nos den mayor valor.

- Genera un amor hacia uno mismo justo y solidario que irradia hacia los demás.
- Es la base del respeto hacia uno mismo.
- Elimina las reacciones agresivas y de egoísmo.
- Es la base del éxito en la vida.
- Es la base de la autoaceptación.
- Nos equilibra con la realidad de las cosas.
- Nos permite un nivel mayor de autocontrol y dominio sobre nosotros mismos y lo que nos rodea.
- Nos permite equilibrarnos en las reacciones, emociones, sentimientos y afectos.
- Sobrevalorarse a uno mismo, perder el sentido de la objetividad no es tener autoestima positiva.

Positiviza a la persona:
- Desde la verdad.
- Desde la realidad.
- Desde el equilibrio.
- Desde la autoaceptación.

Genera:
- Ilusión y motivación.
- Buenos hábitos.
- Ricas expectativas.

CAPÍTULO V

PERDER LOS NERVIOS

¿Siempre soy el bueno de la «película»?

El título de este capítulo alude a la conducta de falta de control personal que podemos vivir con relativa frecuencia: *perder los nervios*. ¿Cómo y por qué los seres humanos perdemos los nervios? Esta sí que es una cuestión claramente alusiva al autodominio personal.

Podemos *perder los nervios* por nuestra forma de vivir estresada, porque quizá un acontecimiento nos sacó de la rutina de nuestra cotidianidad, porque vivimos un hecho o evento sorprendente, repentino (bueno o malo...)

Cada uno de nosotros vive en el ensueño de su mundo personal, nos trazamos un plan de vida, vivimos según un ritmo y unas responsabilidades; en definitiva, el hombre es un ser abocado a la monotonía; tarde o temprano cae en ella.

Y como la vida es sobresalto (*malditos acontecimientos unos detrás de otros*), nos encontramos siempre alguna sorpresa que nos lleva a *perder los nervios*. Hay mil cuestiones por las que podemos perderlos...

La verdad, como en todas las cosas, los hay que *pierden los nervios* con más facilidad que otros, tienen menos o más autocontrol personal.

Recuerdo el caso de una persona muy paciente, que tenía una poblada y larga barba, a quien otro, amigo suyo, frecuentemente saludaba tirándole de ella; esto le enfadaba sobremanera, pero el amigo hacía caso omiso a tales enfados, y siguió con sus bromas, hasta que un día, por sorpresa, le soltó, sin mediar palabra, un fuerte tortazo. A eso lo llamamos: *fue la gota que colmó el vaso*.

> Todo el mundo ha perdido alguna vez los nervios; esta es una conducta de descontrol muy característica.

Los seres humanos tenemos mecanismos de resistencia que nos hacen ser autocontrolados, pero si existe un nivel que rebasa dicha resistencia, respondemos, «saltamos», y podemos *perder los nervios*. Cuando nuestra respuesta es masiva y total, porque los acontecimientos, o las circunstancias, nos rebasan, lo que perdemos es el dominio de nosotros mismos.

Existen muchos eventos por los cuales resulta normal que esta resistencia salte. Pongamos por caso la muerte repentina de un ser querido; una noticia sorprendente por algo que nos afecta mucho...

La forma de *perder los nervios* puede adoptar multitud de maneras: desde el llanto, al comportamiento inexplicable de cualquier tipo.

Pero existe *un perder los nervios* ante cualquier cosa sin importancia de la vida cotidiana; esto es relativamente frecuente en nuestra sociedad, y preocupante, porque indica el grado de *histeria* colectiva que podemos estar viviendo.

Por ejemplo, estás parado en un semáforo y te has distraído mirando hacia otro lado, y, ya verde el semáforo, sientes que alguien detrás de ti te da las luces y te pita estruendosamente; luego te adelantas y ves que por el cristal te vocifera algo que no oyes, pero que te imaginas lo que es. Te dan ganas de perder los nervios *tú también, y le levantas las manos con la señal de* cornudo. *El otro para su coche, de repente, delante de ti, y tú también, y se inicia una trifulca de padre y muy señor mío... El descontrol es total... Te ves en el hospital con los ojos morados y fuertes contusiones. Piensas: ¡No ha merecido la pena* perder los nervios. *¿Se podría haber evitado el conflicto?* Dos no se pegan si uno no quiere. *Pero a veces es más fácil dejarse llevar por el instinto.*

¡En los conflictos siempre llevo la razón!

«Homo homini lupus, *el hombre es un lobo para el hombre. El amargo adagio latino expresa algo más que una observación zoológica.*

El conflicto es inseparable —nos dice Marc Oraison— *a toda vida común. Pero este hecho nos parece anormal e intolerable. Nos vemos inclinados a ver agresores malintencionados y dañinos en todo aquello que se opone a nosotros por el pensamiento o la acción.*

En cuanto a nuestras propias iniciativas de rechazo, de contestación, de competición, no dejan de suscitar en nosotros un regusto de culpabilidad y de sombría melancolía.

El que no se pueda decir sin contradecir, hacer sin deshacer la obra del otro, se nos presenta como una especie de trágico malentendido —y continúa diciendo este autor—: *De este modo, a través de los tropiezos y discusiones de la vida cotidiana, se dibuja el sueño de una unión perfecta del tú y del yo, de una unanimidad absoluta de juicios y de intenciones. Exigencia absoluta de paz y de armonía entre los hombres que harán hacer nuevos enfrentamientos de un rigor especial. Nuestra más grave diferencia proviene del rechazo del desacuerdo.»*

A diario perdemos los nervios como consecuencia de nuestras circunstancias personales.

En nuestra sociedad existe mucha susceptibilidad y el conflicto siempre está a flor de piel. Así que cualquiera se puede ver abocado hacia un problema inesperado: *no tanto por ti sino por el otro, o no tanto por el otro como por ti.*

El caso es que chocar es de lo más fácil que uno pueda imaginar. Estas son historias cuyo desenlace depende, en gran parte, de la capacidad que tengamos de autocontrolarnos, de tener dominio sobre la situación, de no *perder los nervios.*

El conflicto en nuestra sociedad es tan probable como dar con un árbol en un bosque. El encontronazo puede estar en una palabra inesperada de alguien que se quiere hacer notar a costa de ti; quizá sea la cara desabrida que tú mismo lleves hacia los demás, y que expresa tu mal humor interior.

En el conflicto es donde se ve el talante de la persona, la capacidad de autorresolución y el autodominio. No se trata de que echemos la culpa de todo a los demás; eso es lo que probablemente hagan también los demás contigo. Es bueno que, desde mi autocontrol, yo reconozca, en el conflicto, el grado de implicación que tengo. Es decir, no puedo verme inocente del todo; se debe encontrar la raíz del conflicto procurando verse lo más objetivamente posible. Y, una vez localizadas y comprendidas las causas, jugar un papel de control.

En la vida cotidiana la gente suele perder con bastante facilidad los nervios, lo cual indica nuestro grado de histeria colectiva.

Como es tan fácil perder los nervios es conveniente que aprendamos a autocontrolarnos.

La conducta autocontrolada exige reflexión, frente a *perder los nervios,* que implica irreflexión. La persona tiende, por su propia naturaleza, a autojustificarse, a ver justo y bueno todo lo que hace. Eso es lógico, pues nadie puede vivir sintiéndose malo, o criminal, o...

Todo el mundo trata de vivir en coherencia mental consigo mismo, si no se produciría un profundo dolor psicológico, intolerable; es lo que llamamos *disonancia cognocitiva.*

Una manera de controlar los nervios se basa en aprender a ser reflexivos.

Contaba en uno de sus libros Dale Carnegie que Al Capone no se sentía como un delincuente por sus crímenes y sus delitos; muy al contrario, los justificaba.

> «*"He pasado los mejores años de la vida dando a los demás placeres ligeros, ayudándoles a pasar buenos ratos, y todo lo que recibo son insultos, la existencia de un hombre perseguido." Quién así habla es Al Capone. Sí, el mismo que fue Enemigo Público número Uno, el más siniestro de los jefes de bandas criminales de Chicago. Capone no se culpa de nada. Se considera, en cambio, un benefactor público incomprendido a quien nadie apreció... Ningún hombre se critica a sí mismo por nada, por muy grande que sean sus errores*», dice Dale Carnegie.

Todos tendemos a justificar, en nuestro interior, las conductas que producimos, aunque éstas sean las más terribles del mundo. Nadie puede sentirse *bueno* y *malo* al mismo tiempo. Nos justificamos.

Es desde esta perspectiva como, ante cualquier conflicto con los demás, la inercia sea sentirse inocente, aprobarnos en nuestra conducta.

Para todo conflicto que queremos controlar es necesario afrontar nuestra responsabilidad, y de ella viene automáticamente el dominio personal. Esta quizá sea una de las mejores fórmulas para no *perder los nervios*.

> «*Conflictos íntimos, conflictos sociales, la mayor parte de las relaciones humanas se desarrollan a través de incesantes enfrentamientos, a veces esterilizantes y destructivos, las más de las veces inseparables del devenir mismo de las personas, de las parejas y de los grupos —nos dice Marc Oraison—. Reconocer la personalidad del otro es admitir sus posibilidades de desacuerdo y de oposición ante los otros. Y semejante comprensión de las relaciones conflictuales, en lo que pueden y deben tener de fecundo, nos abre perspectivas de prevención en cuanto al riesgo real de los afrontamientos destructivos. Porque supone ya reconciliarse con el otro y con nosotros mismos el prestar en nuestros conflictos un modo de atención a lo que nos separa y a lo que nos hace visibles los unos a los otros.*»

Y esta es quizá una estupenda fórmula para no perderse en la selva de los conflictos de la vida cotidiana, aunque se reconoce que este ejercicio sea muy difícil. Quizá podamos reducirlo todo a un *ponerse en lugar del otro,* y luego actuar...

Teoría de la disonancia cognoscitiva

1. Cada individuo vive en el mundo de sus propias percepciones, creencias e ideas: su mundo cognoscitivo con una tendencia a la consistencia. La gente tiende a conservar sus relaciones consistentes entre sus creencias, ideas y acciones. Por ejemplo, *«no existen muchos militares que sean simultáneamente pacifistas»*, dice Hampton

2. El conflicto de la inconsistencia: Una de las consecuencias de la valoración de la consistencia indica que la carencia de ésta produce una incómoda tensión. Se produce disonancia cognoscitiva.

3. Ejemplo de conflicto:

«Supongamos, por ejemplo, que un profesor cree ser un hábil maestro y lee las evaluaciones de su enseñanza efectuadas por los estudiantes, que muestran que está considerado como un instructor desorganizado e inepto. La información da origen a una serie de ideas discrepantes o disonancias», dice Hampton.

4. Características del conflicto o disonancia cognoscitiva: Es muy difícil, por no decir imposible, creer que uno es a la vez competente e incompetente.

5. Resolución del conflicto.

Cuando una persona experimenta disonancia cognoscitiva, sufre un dolor que se ve motivado a reducir; pero, ¿cómo?

Existen dos posibilidades:

a) Modificar sus creencias o su comportamiento.

En el ejemplo anterior: El profesor puede trabajar intensamente para mejorar su sistema de enseñanza o...

b) Aferrarse a lo que piensa. En el caso anterior, puede defender su idea original y encontrar fallas en la evaluación de los estudiantes. Se elegirá lo que reduzca la inconsistencia y recobrar cierto equilibrio.

> El ser humano no puede soportar tener en su mente conceptos contradictorios y negativos sobre sí mismo.

6. Creemos que fallamos porque realmente no lo intentamos con suficiente energía; que aceptamos que tratamos de hacerlo con todas nuestras fuerzas y que sin embargo fallamos.

El magnetismo de las relaciones sociales

Cuántas cosas hay en la vida por las que nos enfadamos, perdemos el humor, nos disgustamos, sufrimos..., cuando realmente todo eso es parte de la vida: *perdemos los nervios* y nuestra conducta se descontrola; nos agobiamos, y abandonamos el rumbo de nuestra *nave-vida*. Si nos dejamos afectar tanto es posible producirnos un daño interior, y no lograr que seamos felices. ¿Cómo es posible, pues, interactuar bien con los demás? Es fácil que nuestra vida ruede sobre el conflicto...

Una manera de evitar el conflicto, en la interacción con los demás, es mostrar aprobación por otro; reconocerle importante en su mismidad, como cualquiera puede sentirse importante hacia sí mismo. Todos hemos oído hablar de esas personas de las que decimos tienen magnetismo personal, enganche, que mueven a la simpatía de los otros; ¿cuál será el secreto?

Yo conocí una de esas personas que realmente fascinan a los demás; uno puede estar con ellas con gran disfrute de trato. Después de analizar el porqué pueden caerte tan bien y generar esa especie de fascinación, me di cuenta de que la fórmula era sencilla y, a la vez, tremendamente difícil de llevar a la práctica. Se trataba sólo de estar atento al otro, a sus cosas, atender y apoyar, respetar y valorar...

«Cuando tratamos con la gente debemos recordar que no tratamos con criaturas lógicas. Tratamos con criaturas emotivas, criaturas erizadas de prejuicios e impulsadas por el orgullo y la vanidad», dice Carnegie.

> El hombre necesita ser coherente en su interior, aunque esa coherencia venga de un criminal.

Si usted desea crispar a alguien sólo tiene tratar de herirle en sus sentimientos más privados. Eso no se olvidará nunca, y podrá hacerse un enemigo a medida para toda la vida. Cuando alguien *«pierde los nervios»,* lo primero que suele hacer es recurrir al insulto personal, a la descalificación, a todo aquello que pueda herir el sentimiento del otro.

Nos dice este autor que comentamos: *«Cualquier tonto puede criticar, censurar y quejarse, y casi todos los tontos lo hacen. Pero se necesita carácter y dominio de sí mismo para ser comprensivos y capaz de perdonar.»*

Nuestro mundo y el de los demás: las irrupciones.

En mi época universitaria no sé por qué me llamaba mucho la atención la reflexión filosófica que hacía un amigo mío sobre la idea de que cualquier hombre, en el fondo, era una isla que de cuando en cuando coincidía con otras islas; una isla que, finalmente, debía asumir un final solitario, una experiencia consigo mismo no transferible a ningún otro ser; me refiero a la muerte.

Durante algún tiempo di vueltas en mi cabeza a esta idea, que cada vez que me relacionaba con los demás la tenía en cuenta. Había cosas en los seres humanos que sólo pueden pertenecer a uno mismo: la experiencia, y existían otras muchas compartidas.

Así, cada cual tenía su mundo interior y existían sobre el planeta tantos mundos como personas existieran. Los mundos interactuaban a través de la comunicación.

Un día alguien me comentó que no creía en la teoría de la evolución, argumentándome que

> Lo que protegemos más y mejor frente a los demás es todo aquello que atañe a nuestros asuntos privados.

todo en la naturaleza era creación; así que me razonó su postura hablando de la teoría de la generación espontánea como base de su creencia.

Me dijo: «*Deja un trozo de carne en un sitio unos días y, ¿cómo explicas que aparezcan gusanos, después de un tiempo, donde sólo existe putrefacción?*»

La verdad, me quedé ¡atónito! Aquella persona, para justificar su creencia, estaba en una idea del siglo XIX; en eso pertenecía a otro tiempo; sin embargo, su profesión era la de ingeniero, y ésa era otra de sus dimensiones...

Luego, hice una reflexión sobre esto y me di cuenta de que en el mundo interior de los seres humanos hay muchos niveles diferentes de experiencias, y éstos pueden ubicarle en tiempos y espacios diferentes.

Cada *mundo-isla* se comunica con otros *mundos-islas,* pero cada cual con su sistema. Así que, los *mundos-islas* vivían planos diversos: en unos niveles estaban en la edad de piedra; en otros, en la más alta modernidad, y en otros, en el siglo XIX (por poner un ejemplo...) El encuentro entre los *mundos-islas* puede ser muy especial (positivo o negativo).

> Una forma de controlar el conflicto es reconocer al otro con su valor de persona.

Y desde esta perspectiva leí unas líneas de texto de Marc Oraison, entendiendo mejor lo que significaba el encuentro entre los hombres; decía:

«Todo encuentro constituye en primer lugar una agresión. En la calma relativa de las horas de después de comer, voy por la calle de camino a una reunión importante y con miedo a llegar con retraso. Vamos a ser cinco o seis personas de especialidades distintas, y se va a tratar de un problema que nos

afecta a todos y que a todos nos parece esencial. Mientras camino reflexiono de antemano sobre lo que puede suceder, sobre las ideas que habrá que promover o dilucidar, sobre la eventual conversación. Es decir, que estoy ya allá. Toda mi persona, geográficamente en camino hacia el lugar de la reunión, está ya presente en este grupo de otros que me esperan. Mientras voy caminando con cierta prisa, un señor que marcha en dirección contraria se me aproxima y me aborda: "Perdón, señor, ¿podría usted indicarme el camino hacia la Ópera?" Tal es la situación trivial que cada uno de nosotros tiene que vivir con bastante frecuencia en circunstancias muy variables. Sin embargo, se trata en realidad de una agresión. Este hombre que me aborda irrumpe en mi universo personal de un modo que me altera violentamente. Me solicita bruscamente a estar presente en algo totalmente distinto al que estoy ya interiormente presente..., se trata de que, en el espacio de un relámpago, acepte verme alterado; es decir, que es preciso que reconozca al otro con su existencia y en su legítima demanda. Podría en efecto rehusar la

> Existen tantos mundos como personas existimos.

> Los nervios podemos perderlos ante las cosas familiares más intrascendentes; aunque esto sea normal, debemos intentar controlarlo.

agresión y responder con cierta brusquedad: "No lo sé, entérese usted en otro lado..." Pero también por

Los seres humanos podemos estar viviendo muchas realidades diversas (pasadas y presentes) ahora...

simple consideración hacia la consistencia de la existencia del que se me pone delante, aceptar ser molestado; yo me las arreglaré para responder al desconocido del modo más rápido, más preciso, es decir, del modo más susceptible de ayudarle.»

En ese sutil juego de matices, en el encuentro, es donde podemos perder los nervios. En una pareja, ella puede ser intimidada por la comunicación de él (por ejemplo) y alterarse los nervios. En mi *mundo-isla* yo deseo ver un programa de televisión (por ejemplo) y otro miembro de la familia otro; se inicia una disputa, hay una irrupción en el universo de los deseos; el animal salta dentro de nosotros si perdemos los nervios, y nos integramos si mantenemos el control y la calma de la situación.

Fórmulas para no perder los nervios

Para que no exista la pérdida de autocontrol personal, lo mejor es tener algunas ideas claras en la mente, en forma de actitudes; esto evitará que *saquemos los pies del plato* en nuestra relación social (según Carnegie).

1. Hay que ponerse siempre en lugar del otro: Si respondo así, ¿cómo me sentiría yo mismo en lugar del otro?

2. Para no provocar la ira del otro *(pérdida de nervios)* hay que tratar de comprenderle

3. No critiques al otro, no condenes ni te quejes (simpatía-tolerancia-bondad frente a crítica-condena-quejas-orgullo-importancia-resentimiento...).

4. Demuestra aprecio honrado y sincero por las personas.

5. Despierta en el otro un deseo vehemente hacia ti.

6. El valor de la sonrisa es de incalculable influjo...

7. El nombre de las personas es su sonido más dulce.

8. Escucha a tu compañero, anímale a que hable de sí mismo.

9. Habla de lo que le interesa al otro.

10. Haz que tu compañero se sienta importante y hazlo con sinceridad.

11. Respeta la opinión del otro, admite tus equivocaciones..., sé amigable..., mira las cosas desde el punto de vista del compañero. Muestra simpatía..., apela a lo noble y habrás ganado a un amigo...

CAPÍTULO VI

AUTOCONTROL Y EQUILIBRIO EN EL MEDIO LABORAL

El conflicto en la empresa

No cabe duda de que el ambiente laboral es una de las circunstancias que condicionan la vida de los seres humanos. El sustento económico y el prestigio social se cuecen en las empresas. El trabajo dignifica al hombre o lo esclaviza. Le hace sentir bien o mal. Le produce felicidad o infelicidad. Es fuente de salud o de enfermedad...

Es necesario que con la actividad laboral el hombre genere una sintonía positiva, pues, en otro caso, el trabajo puede producir estrés, malestar, puede llevarnos al caos. O no...

Aquello que nos sucede en la empresa, y todo lo que se relaciona con ella, no solamente afecta al individuo sino que condiciona a la familia, y quizá al circulo social inmediato. Por eso el paro, la integración negativa en la empresa, el clima y el ambiente deteriorado se cuentan como de una influencia tal que es una de las causas que pueden descontrolar la personalidad del individuo.

«*"La vida", como alguien ha dicho, "es sólo una maldita cosa después de otra." Para mucha gente en las organizaciones la paráfrasis es adecuada. ¡La vida es sólo un maldito conflicto después de otro!, pues el conflicto y la tensión son inevitables cuando entidades tan complejas como los individuos y los grupos pequeños se juntan en las organizaciones formales*» (David R. Hampton y cols.).

Es normal que exista un cierto nivel de conflicto en las empresas, pues es inevitable, en esas interacciones que las personas producen, en sus encuentros, un cierto nivel de tensión. Pero ese nivel de conflicto en las organizaciones debe ser tolerable. Sucede como con el estrés; éste, en una medida adecuada, es bueno, mejor dicho, necesario para la vida; en exceso perjudica.

> Es imposible evitar un cierto conflicto en el medio laboral cuando individuos y grupos se encuentran.

El descontrol de los comportamientos de las personas que forman una empresa resulta intolerable cuando el nivel de conflicto se eleva por encima de un cierto nivel crítico. Esto repercute en el clima de la empresa y, de alguna manera, afecta también al mejor rendimiento en el trabajo, además de deteriorar las relaciones humanas.

> El autocontrol en los conflictos entre individuos juega un papel regulador importante.

El conflicto tolerable en la empresa hace que esa parte de irracionalidad del ser humano surja y se disipe de una manera natural, lo cual puede ayudar al propio dinamismo de las relaciones entre las personas.

Pero pueden aparecer formas de conflictos intolerables. Hampton y cols. dicen:

> *«Los conflictos son endémicos en las organizaciones... Una segunda suposición es que algunos tipos de conflictos son dañinos y otros benéficos, desde el punto de vista tanto de las metas de la organización como del individuo.»*

¿En qué sentido podemos entender esta especie de contradicción en la definición misma del tema del conflicto en la empresa? Nosotros aquí vamos a verla no en función de la organización, de la empresa, sino desde el ángulo del individuo.

En las empresas existen diversos tipos de conflicto: del individuo y de metas (por ejemplo).

Está muy claro que en nuestra sociedad, el conflicto en la empresa, es fácil que alcance niveles intolerantes. El conflicto, visto desde cada miembro de una empresa, necesariamente será vivido desde un ángulo subjetivo, y según le vaya a cada cual la «fiesta».

No, necesariamente, los conflictos en las empresas hay que entenderlos entre la dirección y los empleados. El conflicto puede ser generado y mantenido entre miembros trabajadores, y tener incluso intereses que son totalmente ajenos a los objetivos de producción de la organización.

Conflicto en el interior de la persona (en la empresa)

Cada individuo, en una empresa, tiene sus expectativas. La persona puede entrar en conflicto con sus necesidades, con sus tendencias, y en la organización tiene que sacrificar la satisfacción de alguna en beneficio de otra, por incompatibles.

«El conflicto más común se encuentra entre varias necesidades —nos comenta Hampton—. *Uno desea seguridad, pero también amor. Sin embargo, este último significa exponerse ante otro que puede a su vez lastimarnos. Si uno desea prestigio social y auto-estima, en algunas situaciones la primera puede requerir sacrificio de la segunda. La disonancia de la persona que busca la fama, la encuentra y luego lamenta su falta de privacidad, es bien conocida.»*

Tendencias, necesidades, expectativas... son factores que determinan un conflicto.

Eso lo vimos anteriormente en el caso que nos contaba Ana Muñoz de un tal Félix, un triunfador en la empresa, quien decía que *«si un hada madrina le concediera un deseo, pediría ser un fracasado»*.

En las empresas las expectativas de los individuos, sus necesidades, pueden entrar en conflicto. En esta situación, la persona autocontrolada, con dominio de sí mismo, es capaz de elegir, jerarquizar y resolver. Si la persona no tiene un cierto dominio sobre sí misma, estas situaciones pueden generarle estrés y desadaptarla en el seno de la organización.

Bernabé Tierno dice que «*la clave para alcanzar las estrellas sin perder de vista la tierra firme es no traicionar los propios principios*». Resolver la propia conflictividad que las necesidades le presente a uno, pero desde la convicción de los propios principios, es algo realmente muy importante para la propia coherencia personal y el autocontrol.

> El hombre de hoy es más libre que nunca, pero su propia libertad le produce miedo.

Esto puede darse para situaciones extremas: alguien puede llegar un momento, en una empresa, que diga: de este lugar me tengo que ir por incompatibilidad con mi propia dignidad.

Las personas de éxito son realmente mínimas. La mayoría de la gente ¡sobrevive! (y dando gracias a Dios). Existen tantas injusticias, que en algunas ocasiones, si uno pudiera, lo mejor sería buscar otro rumbo en la vida, por incompatibilidad con los propios principios.

Sin embargo, la necesidad aprieta y hay que «apechugar» con lo que te echen. El conflicto de las necesidades es el conflicto del individuo consigo mismo, en su elección libre de estar o marcharse, de asumir la elección de unas cosas frente a otras.

Y aquí sí que muchas veces estamos solos frente a lo que nos rodea. La empresa debiera ser un lugar para la realización personal y no algo para la simple supervivencia.

Las empresas se supone que están al servicio del hombre; sin embargo, una ingente cantidad de humanos en todo el mundo se encuentran, sienten estar «esclavizados» por ellas. El individuo da lo mejor de sí mismo: el *tiempo de su vida,* y muchas veces el incentivo económico no es suficiente en el trueque.

> El hombre en la empresa puede sentirse «esclavizado», sometido...

«Se trata, al cabo, de una historia tan vieja como el mundo —nos dice Ana Muñoz—. A lo largo de los siglos, el hombre ha perseguido ideales diversos, a veces quimeras: el Santo Grial, la piedra filosofal, el elixir de la juventud... Y siempre ha habido aventureros sin escrúpulos. Lo mismo ocurre hoy cuando los laureles se convierten en un fin por sí mismo, independientes de la entrega a una labor en la que se cree. "Esta fiebre del éxito afecta casi de forma generalizada a las personas sin un contenido interior que les haga sentirse felices y valiosos", sos-

> El hombre es un ser con gran capacidad de adaptación.

tiene Bernabé Tierno, para quien no son pocos quienes piensan que "el fin justifica los medios" y practican "todo vale". Si hay que mentir, robar, insultar, descalificar y levantar falsos testimonios para llegar a la cima, no dudan un instante en pasar a la acción.»

Y esto se ve y se huele con sólo darse una vuelta por ese mundo del ambiente laboral. Estamos todos como a puñetazos los unos con los otros; quiero decir, a puñetazos psicológicos, que entraña la crítica, el echar *mal de ojo*; envidiar, sabotear... ¡Y así no hay quién viva! Nos tenemos que *encontrar* los unos con los otros...

Perder la libertad

Dice E. Fromm que el hombre de hoy es más libre que el del Medievo, por ejemplo; pero esa misma libertad le lleva también a la angustia, al quedar sin referencias inmediatas de apoyo; es más libre, pero no es más feliz; está más temeroso, hay más peligros, hay menos seguridad, y por tanto el miedo es mayor.

> Cada uno vivimos las condiciones que nos imponen las circunstancias.

«A pesar de los muchos descalabros sufridos, la libertad ha ganado sus batallas. Muchos perecieron en ellas con la convicción de que era preferible morir

en lucha contra la opresión a vivir sin libertad —nos dice E. Fromm—. Esa muerte era la más alta afirmación de su individualidad. La historia parecía probar que al hombre le era posible gobernarse por sí mismo, tomar sus propias decisiones y pensar y sentir como lo creyera conveniente.»

El hombre no puede, después de sus conquistas históricas, esclavizarse a sí mismo. El miedo que nos da la propia libertad nos atenaza a quedarnos en un lugar, aunque no nos guste, porque estamos llenos de necesidades y de inseguridades. No hay nadie que nos ate a la tierra como sucedía entre el noble señor del castillo y sus súbditos; ahora son los hilos invisibles de las múltiples necesidades creadas las que nos quitan la libertad. Podemos vender la libertad por el éxito laboral, aunque eso comporte una enorme cantidad de estrés. Podemos vender nuestra libertad, por las múltiples necesidades que tenemos hoy día, aunque eso nos cueste sufrimiento y dolor.

> Entre las expectativas y las metas de una persona puede establecerse el conflicto.

Se pregunta el autor que venimos comentando: *«¿Qué es lo que obliga a los hombres a adaptarse a casi todas las condiciones vitales que puedan concebirse y cuáles son los límites de su adaptabilidad...? El hombre debe comer, beber, dormir, protegerse de los enemigos, etc. Para hacer todo esto debe trabajar y producir. El "trabajo" por otra parte, no es algo general o abstracto. El trabajo es siempre concreto, es decir, un tipo específico de trabajo dentro de un tipo específico de sistema económico. Una persona puede trabajar como esclavo dentro de un sistema feudal, como campesino en un pueblo indio, como hombre de negocios independiente en la sociedad capitalista, como vendedor en una tienda moderna...»*

La comunicación entre los seres humanos maneja muchos intereses personales.

De alguna manera, estamos atados a un escenario de vida que nos viene dado por condición de nacimiento, o por el orden circunstancial de las cosas que nos rodean, y quedamos fijados, de cualquier modo, a un escenario de vida, como dice Fromm:

> *«... llega a ser el factor primordial en la determinación del carácter, por cuanto la imperiosa necesidad de autoconservación le obliga a aceptar las condiciones en las cuales debe vivir». Esta es una realidad para la mayoría de los hombres de nuestra sociedad, aunque sus necesidades sean muy «sofisticadas» y de «gran nivel».*

El hombre moderno es un ser con sentimiento de insignificancia.

Nuestro sistema social moderno genera en el individuo una enorme estela de inseguridad y de angustia, de insignificancia, de soledad terrible, y sometidos a los invisibles hilos de nuestras necesidades nos sojuzgamos a los principios de funcionamiento de nuestra estructura social, perdiendo en ello mucho de nuestra libertad, en una subordinación constante a las exigencias del exterior.

«Ponte en lugar del otro» y evitarás el conflicto.

Esto crea inseguridad, miedo, porque fuera de ello está el vacío, la nada (alguien podría decirnos: *Esto son lentejas: o las comes o las dejas*). Por eso podemos ver que nuestra sociedad desata los demonios del éxito, y no hay moral en la competencia ni en la lealtad; nadie es amigo del otro si no es por la conveniencia.

«Contar hasta cien» es una conducta de autocontrol.

Nos está fallando la base de todo: los valores humanos (que ahora están tan de moda). No podemos extrañarnos de que la gente ande loca por el éxito.

«*La borrachera del triunfador* —lo denomina Ana Muñoz—. *De cualquier modo, no resulta complicado que la gloria se suba a la cabeza. Algunos pierden entonces su capacidad de trabajo; otros la multiplican por veinte. Según Tierno, la borrachera del vencedor afecta sobre todo a aquellos individuos para los que el éxito significa "tener más, aparentar, ser envidiados y destacar socialmente". O a quienes se mueven en un entorno de fama, flashes y titulares,*

tres ingredientes difíciles de digerir. "En un momen-
to dado, es fácil que se te nuble la vista, que te creas
más que nadie, por encima de ciertas cosas..."»

Y esto es posible como reacción a un sentimiento
humano profundo de insignificancia generalizada del
individuo, sentimiento que se torna en todo lo contrario. Por eso hay tanta inmoralidad, tanto caradura, tanta basura, poca ética y mucho «morro»...

Decálogo del éxito

Bernabé Tierno nos describe un decálogo que transcribimos del artículo de Ana Muñoz:

1. Tener las metas claras: un buen plan de acción y
un objetivo concreto elegido. Personalmente, que llene
al individuo y lo autorrealice.

2. Autoestima y autoconfianza, los dos motores del
ser humano. Quien no crea ni confíe en sus posibilidades emprenderá sus proyectos sin esperanza de éxito.

3. Tenacidad y tesón hasta el límite de las propias
fuerzas, pero disfrutando de lo que se hace. Convertir
la vocación en vacación.

4. Entusiasmo e ilusión para hacer frente a todas
las posibles dificultades y contratiempos.

5. Facilidad para comunicarse y rodearse de cola-
boradores capaces. Simpatía y actitudes de acogida y
buena sintonía.

6. Actitud mental positiva, dinamismo y decisión: saber pasar a la acción sin vacilar.

7. Trabajo y autodisciplina: el precio del éxito es tiempo y esfuerzo.

8. Sana y lícita ambición, que no está reñida con la práctica del «gano-ganas» (que los demás también se beneficien).

9. Capitalizar los fracasos. Como dice el diestro Joselito, «la vida se compone de momentos buenos y malos; esto es de lo que más se aprende».

10. Integridad moral: ética personal y profesional. Sin moralidad, todo éxito, por grande que pueda parecer, acaba por convertirse antes o después en estrepitoso fracaso.

Este decálogo me parece bien; pero es una ingenuidad que, hombre con tanta historia a su espalda, tenga que manejarse con guías, cuando todas esas cosas deberían ser absorbidas desde la educación. Bien venido sea cualquier consejo que trate de domar a la bestia desatada: la inhibición de los valores...

El conflicto entre las personas (en la empresa)

En las empresas las personas tienen una expectativa con respecto al papel que desempeñan laboralmente. No podemos cumplir nuestros propios objetivos en el trabajo sin que se prevea la interferencia con otras personas pertenecientes a ese ambiente laboral. Entre las expectativas que yo tengo, y las interferencias que se producen con los demás, surge también el conflicto en la empresa. Como dicen Hampton y cols.:

«*La interferencia humana puede conducir al conflicto interpersonal o a la agresión. Muchas frustraciones surgen de un sentimiento de relativa privacidad: la discrepancia entre aquellas condiciones deseables de la vida que la gente cree que se merece con justicia, y las circunstancias menos favorables que siente que realmente experimentará —Gurr—. Cuando existe una barrera externa entre una persona motivada y sus metas, normalmente trata de darle la vuelta, quitarla o vencerla. Pero cuando la barrera no es vencida y la motivación aumenta de intensidad, la resultante frustración del comportamiento dirigido a la meta puede conducir a la agresión... Los conflictos individuales forman legiones: dos individuos pelean por el territorio, dos gerentes compiten por el mismo ascenso... En cada caso cada uno está luchando por poseer el recurso escaso, eliminando real o simbólicamente al rival (posición, prestigio, fama, poder..., cosas materiales...) El conflicto puede incluso ser placentero, puede ser ritualista y compensador intrínsecamente.*»

O sea, que las motivaciones que mueven al conflicto en la empresa pueden ser producidas por una inmensidad de factores, entre las que el egoísmo humano y la piel salvaje del animal en lucha puede surgir en cualquier momento, aunque, claro, no estemos en la salvaje sabana sino, a lo mejor, en un lujoso despacho de una ciudad inmensamente rica.

Pero esta conflictividad en la empresa también rebasa la lucha entre individuos, y surge un nivel de batalla campal por las cosas del mundo entre individuos y grupos, y entre grupos y grupos, tornándose todo en un campo de batalla inmenso, colosal. Esa es la ley de la libre competencia, del capitalismo atroz, donde sólo es posible sobrevivir con el triunfo: *triunfar o morir*. Nuestra sociedad se mueve por el *mito del triunfo*, y muchos hombres *pierden el alma*. («*¿De qué te vale ganar el mundo si al final pierdes tu alma?*», dice Cristo).

Ideas básicas sobre comunicación humana

1. En la comunicación se intercambian:
— Información.
— Sentimientos.
— Ideas.
2. El sistema de comunicación entre las personas describe la unión o la desunión entre los miembros de la organización, la comunicación positiva requiere canales positivos, los actos tienen más fuerza que las palabras.
3. Las relaciones interpersonales:
— Son el centro de la organización.
— Son el núcleo fundamental de la eficacia de las organizaciones.
4. Canales:

Los canales de comunicación entre las personas deben estar llenos de comunicación signifitiva y positiva.

5. Conflicto:

Sucede cuando los canales de comunicación están rotos o circula una comunicación no significativa y negativa.

6. Tendencia:

Cada persona percibe aquellos aspectos de una situación que se relacionan específicamente con sus intereses.

7. Interferencia psicológica:

— Los seres humanos tienen «prejuicios» que interfieren en la comunicación haciendo que el mensaje del emisor quede modificado.

— Podemos evaluar y juzgar el mensaje del emisor conscientemente. ¿Qué pasa cuando los prejuicios son inconscientes? Estas son interferencias psicológicas...

8. Tendencia:

Haga que un mensaje llegue de persona a persona verbalmente, compare lo que se dijo al principio y lo que queda al final.

9. Entendimiento:

— El entendimiento mutuo es la causa y el efecto de la comunicación.

— La comunicación entre los seres humanos es más eficaz cuando los aspectos internos de uno mismo se admiten a la conciencia y se anuncian. La sinceridad y la espontaneidad son buenas para la congruencia y el entendimiento...

10. Congruencia en el entendimiento:

La comunicación entre los seres humanos es más eficaz cuando los aspectos internos de uno mismo se admiten a la conciencia y se anuncian. La sinceridad y la espontaneidad son buenas para la congruencia y el entendimiento.

11. La comunicación abierta:

a) La comunicación abierta de ideas orientadas hacia la tarea entre las personas debe tener una considerable correlación con el eficiente desempeño.

b) La comunicación abierta acerca de los sentimientos debe darse de una manera racional y no emocional, debe correlacionarse con una mayor eficacia.

c) La comunicación espontánea y emocional de los sentimientos no está asociada con un eficiente desempeño (y puede existir una asociación negativa).

12. Flujo de la comunicación (Jackson ha formulado tres principios del flujo de la comunicación):

a) En la búsqueda de sus metas de trabajo, la gente tiende a comunicarse con aquellos que le ayudarán a alcanzar sus ambiciones y no con aquellos que las retrasarán o que no colaborarán a su logro. En el estudio de una agencia gubernamental (Jackson) se encontró que la gente se comunicaba mucho más con los miembros de sus propios subgrupos que con ninguna otra persona. También preferían comunicarse con alguno de *status* superior y trataban de evitar la comunicación con quienes ocupaban posiciones inferiores. Entre los que tenían posiciones similares las comunicaciones se dirigían principalmente a las personas muy estimadas que podrían ayudarlos y se evitaba a aquellos que podían hacer sólo pequeñas contribuciones.

b) La gente tiende a dirigir sus comunicaciones hacia aquellos que la hacen sentirse más segura y que gratifican sus necesidades, y a alejarse de los que la amenazan, la hacen sentirse ansiosa o de los que generalmente proporcionan experiencias poco gratificantes.

13. Los estudios (Burns, Mishler y Ropp) demuestran constantemente que la mayoría de nosotros preferimos hablar con gente de *status* más elevado que tienen la capacidad de gratificarnos o privarnos de algo. Estos efectos pueden ser decisiones tangibles y también recompensas o simples expresiones de aprobación y confianza.

14. Las personas dentro de una organización se comunican para mejorar su posición.

«La comunicación es un proceso complejo que implica la transmisión de datos, problemas, sugerencias, experiencias, estados emocionales, actitudes, hostilidades, lealtades, metas, etc. Así pues, no es de extrañar que se rompa con frecuencia . Las rupturas se pueden deber a que hay gente que no oye lo que se le dice, que no lee lo que está escrito, o que no entiende o no cree lo que oye o lee. Pero tras estas causas básicas hay otro factor más fundamental: la gente ve los problemas desde su propio punto de vista, escoge los hechos que ajustan en ese punto de vista y desecha los que no van con

ello. Sin embargo, en general, la comunicación mejorará si se hace más entendible, si se acentúa la comunicación vertical y si se reconoce la importancia de la acción como forma vigorosa de la comunicación», según nos describe Hampton.

Ser afectivos con el otro

No hay mejor forma de evitar el conflicto que *ponerse en lugar del otro* o *querer al otro como se quiere uno a sí mismo*. La empatía en la relación frente a la hostilidad. La actitud abierta frente a la obcecación. A veces hace milagros sonreír a la persona que tenemos al lado. Evitar los perjuicios en la relación son aspectos necesarios para no entrar a quemarropa sobre los demás. El mismo respeto que pedimos para nosotros lo debemos dar a quien tenemos al lado, y si lo damos y otros no nos lo dan debemos capacitarnos en la paciencia, en la resistencia y en la tolerancia. Y esto sabemos que no es fácil; controlar los nervios a veces es una cuestión de freno personal, y *contar hasta cien* es una forma de retener el impulso.

> El mensaje cristiano abre, con diferencia, una brecha en la ética del comportamiento humano.

Tener la boca abierta, protestar por todo, no importa si se lleva o no se lleva razón, es algo cotidiano; lo hace mucha gente con una frecuencia rayana en lo vulgar; ¡eso no tiene valor! Lo difícil es ser autocontrolado, tener dominio de uno mismo.

«Amor a los enemigos.

Pero yo os digo a los que me escucháis: Amad a vuestros enemigos, haced bien a los que os odian, bendecid a los que os maldigan, rogad por los que os maltratan. Al que te hiere en una mejilla, preséntale también la otra, y al que te quita el manto no le niegues la túnica. Da todo al que te pida, y al que toma lo tuyo no se lo reclames. Y lo que queráis que los hombres os hagan, hacédselo vosotros igualmente. Si amáis a los que os aman, ¿qué mérito tenéis? Pues también los pecadores aman a los que les aman. Si hacéis bien a los que os lo hacen a vosotros ¿qué mérito tenéis? ¡También los pecadores hacen otro tanto! Si prestáis a aquellos de quienes esperáis recibir, ¿qué mérito tenéis? También los pecadores prestan a los pecadores para recibir lo correspondiente. Más bien, amad a vuestros enemigos; haced el bien y prestad sin esperar nada a cambio, y vuestra recompensa será grande y seréis hijos del Altísimo porque él es bueno con los ingratos y los perversos», dijo Cristo hace casi dos mil años.

Lo bueno es que todo esto, tan antiguo y tan profundo, es hoy día, para la mayoría de los humanos, un imposible, una utopía, una destartalada locura (algo ridículo de poder hacer o vivir). Y quizá, lo que se practica en la cotidianidad de la vida es todo lo contrario; sin embargo, este mensaje es estremecedor: es la manifestación intelectual humana más sorprendente de madurez y autocontrol que sobre el propio comportamiento humano jamás se ha podido describir. Va contra todos los principios instintivos básicos del ser humano y nos adentra hacia el sentido de más alta cultura y sensibilidad que se puede concebir.

CAPÍTULO VII

AUTOCONTROL Y EQUILIBRIO EN LA FAMILIA

El amor corre como el agua

La mayoría de las cosas que atañen a las personas comienzan su andadura en la familia. El autocontrol, como cualquier otra cualidad de lo humano, tiene un fuerte componente de tipo ambiental. Como dice el cantante Serrat en el estribillo de una canción: «... *nuestros hijos se nos parecen*».

La familia se torna crisol de virtudes y defectos. Si en el clima familiar predomina el «autodominio de sus miembros», los hijos de este ambiente tendrán alta probabilidad de autocontrol. Claro que todo irá enlazado si el clima es propicio para un desarrollo armónico de la personalidad, en todos los sentidos. Si la autoestima de sus miembros es positiva. Si el influjo educativo es equilibrado, etc.

La familia expresa, o refleja, lo que la sociedad es: ¿qué tipos de familias tenemos hoy día...?

Ramón y Cajal escribió:

«*Se ha dicho muchas veces que el amor, como el agua, corre de arriba abajo: es decir, del padre al hijo y del hijo al nieto. En esto muéstrase, como siempre, la Naturaleza exquisitamente utilitaria. ¿Para que habría de fluir el amor en el sentido retrógrado, es decir, en la dirección de los muertos?*»

Sin embargo, esto es un pensamiento propio de una época muy racionalista como lo fue la del tiempo de Ramón y Cajal. Hoy día el amor en la familia debe correr en todas las direcciones; el hijo debe ser educado en un equilibrio de captación afectiva en todas las direcciones.

> Lo que caracteriza a la familia es la afectividad entre sus miembros.

En cualquier caso el amor podría compararse más a un hermoso sol, en vez del correr del agua, y existiría una familia más abierta y autocontrolada,

Si el amor corre como en un río tendremos, como era muy natural en tiempos de este ilustre neurofisiólogo, una familia jerarquizada, llena de autoridad de arriba abajo, y donde el niño era considerado como un adulto en potencia.

> La elección en el amor humano tiene mucho de intereses en sus motivos...

Por entonces, todo estaba imbuido en el racionalismo de las ciencias. La palabra amor encierra en sí misma un misterioso enigma, y me quedo más con la imagen simbólica de sol que de río. Hoy día es normal que el amor fluya por igual del padre al hijo que del hijo al padre. Y esto es un avance para el autocontrol racional del individuo.

Los impulsos, las tendencias, las elecciones de las personas, tienen mucho que ver con nuestra forma de ser humanos. Fromm, en su obra *El arte de amar,* pone en relación el amor humano en la elección social de la pareja, como función de roles y *status,* y nos dice que los intereses emocionales no prevalecen la mayoría de las veces sobre los económicos (o se confunden), haciendo que, frecuentemente, el sistema de elección de pareja sea un tema de prestigio social y de competencia. Esto nos demuestra el predominio que tienen los intereses sociales sobre los individuales. También en el origen de la formación de la familia prima, muchas veces, el interés alienante, y estas cosas pueden no conducirnos a buen fin. Y si es así, es un natural que los hijos luego puedan crecer sin confianza sobre sí mismo, sin autocontrol, pues la familia tiene su base en el juego egoísta de los intereses.

Los hijos

Cuando la pareja decide tener su primer hijo, el sentimiento de la maternidad y la paternidad es también harto complejo, en cuya base andan también los sentimientos amorosos. El amor se proyecta hacia el hijo en forma de actitudes e intereses; sobre el hijo se ponen las expectativas que el padre o la madre tienen sobre el ideal del hijo. Deseamos lo mejor para nuestro hijo, y lo mejor, a veces, implica un mal entendimiento de actitudes e intereses inadecuados. Nuestra sociedad es profundamente egoísta y excepcionalmente solidaria.

Cuando el amor fluye del padre o la madre al hijo, se pone en juego el caudal de la vida, y se une lo espiritual con lo material. Pero, como ya dijimos, el amor no sólo fluye en esa dirección. El hijo siente el mundo y continuamente se refiere a él en términos de amor y odio. Ama porque sus necesidades son cubiertas, y ese primer amor ambivalente se dirige hacia la madre. El amor se canaliza de este modo desde el hijo hacia la madre, que se torna objeto bueno, amoroso; es un ser que satisface las necesidades más elementales, y por eso establece un vínculo imborrable, que comenzó ya desde el inicio de la vida en el útero materno. Sólo cuando existe el equilibrio de estas fuerzas es posible el autontrol, y el niño crece y evoluciona, se crea a sí mismo y se desarrolla. El amor arranca desde un punto, o tiene su raíz en la carencia.

> La madre es la primera puerta del hijo en su adaptación al mundo.

Es en la familia donde el individuo puede nacer como persona libre, como persona capaz de autocontrol o autodominio, no sólo hacia sí mismo sino hacia los demás.

Si en el seno de la madre nace un ser biológico, en la familia nace un ser social, autónomo. Quizá sea el concepto de identidad y autonomía lo que más se relacione con el desarrollo del autocontrol. Dos capacidades que el niño va adquiriendo, poco a poco, a lo largo de su desarrollo, y que son conquistas pausadas y evolutivas de autodominio frente a sí mismo y los demás.

El origen de la afectividad es el germen del autocontrol

La afectividad parte de un origen primigenio poco organizado, relativamente simple, que cada vez se hace más complejo, menos individual y más social, y que llega a tener una realidad relativamente independiente. Esto quiere decir que existe una progresividad en el autocontrol de las emociones y de los afectos por parte del niño pequeño.

En el origen, los afectos son egocéntricos, intensos, poco diferenciados, muy somáticos. A través de la madre las emociones del lactante cambian y llegan a ser expresión de rasgos psicológicos muy sutiles, con capacidad de autocontrol progresivo sobre ellos.

> El autocontrol se inicia en el niño como consecuencia de la identidad y la autonomía que va adquiriendo.

Ni la afectividad ni el autocontrol del adulto se pueden entender sin la afectividad y el autocontrol que el niño estableció y organizó durante la infancia, en relación fundamentalmente de su afectividad.

La forma en que se manifiesta la afectividad en el lactante, y en el niño pequeño, suele ser bastante psicosomática. O sea, que el niño vive una determinada situación y es capaz de somatizarla. Observar esas manifestaciones nos permite inferir la naturaleza de la afectividad en niños pequeños. Sus reacciones afectivas son fundamentalmente intensas; las vivencias afectivas del lactante son expresadas rápidamente mediante el cuerpo. Es capaz de producir cambios físicos muy acusados. Esas reacciones emotivas básicas son las que el niño pequeño va a ir aprendiendo a controlar, de tal modo que ejerciendo su capacidad de autocontrol llega a transformarlas en reacciones afectivas de características menos emotivas.

> El niño empieza a ejercer el autocontrol sobre la conducta corporal.

La afectividad en el lactante es fundamentalmente emoción; mejor dicho, los afectos son emociones en este estadio del desarrollo y poco más. Las emociones son afectos muy simples, primarios, remotos, que constituyen un primer nivel evolutivo que dará pie a la formación de afectos más elaborados y complejos; para eso es necesario ir adquiriendo, poco a poco, autodominio.

El lactante llega a vivir sus emociones como una totalidad que le invade globalmente, sin que pueda ocuparse de algo diferente a ello; son realmente muy intensas y así lo expresa con su cuerpo. Poco a poco va adquiriendo capacidad de autocontrol en sus reacciones.

El placer y el displacer son emociones básicas sobre las que se elabora la afectividad del niño. Son reacciones totalizadoras que van, la primera de ellas, a satisfacer las necesidades biológicas del niño (si tiene hambre, sed, sueño...); son reacciones intensas, somáticas. Si se producen situaciones de displacer, éstas son expresadas en lloros, gritos, rabietas...

Esto sucede como mecanismo regulador de la emoción (mecanismo de autocontrol) relativamente simple, hasta los tres meses.

El niño es feliz cuando tiene satisfechas todas las necesidades, e infeliz cuando no es así. Si, por ejemplo, tiene hambre (necesidad primaria), el lactante llora intensamente (vive el displacer, la agresividad, la cólera...) como manifestación intensa y totalizadora de su ser. Este displacer es una vivencia psicológica que forma un Yo muy primario en el

> En las emociones, el placer y el displacer son algo que el niño aprende a autocontrolar.

niño. Cuando, en esa situación, el bebé es alimentado, cesa el displacer y se transforma en lo contrario, que también lo vive de una forma global. Este es el primer estadio evolutivo de las emociones y un mecanismo simple de autodominio o autocontrol.

Hacia el tercer mes podemos observar una evolución de las emociones básicas del lactante hacia un nivel de complejidad mayor (más autocontrol o autodominio de las emociones). Aparecen dos nuevas dimensiones: la alegría y la tristeza. Esta nueva característica de la emotividad tiene una clara función social, y es una evolución de la afectividad del lactante (de control y autodominio).

La alegría es ya en sí misma una emoción muy sutil, que tiene un valor de señal frente a la anticipación de la presencia de la madre y su significado de placer.

Las emociones funcionan como principio de placer y displacer, luego se derivan hacia una complejidad, a los tres meses, que llevan a las emociones hacia unas características de connotación social: la alegría y la tristeza.

La conducta de autocontrol necesita del desarrollo mental del niño pequeño.

Esta es la base, como ya hemos dicho, de la organización, del autodominio o autocontrol, de un Yo muy primitivo. No obstante, estas emociones son aún muy masivas, absolutas e intensas.

El principio del placer y del displacer es un concepto muy utilizado por Freud para explicar mecanismos básicos de la psique. Su referente está en la biología, que considera a las emociones como poseídas de un gran finalismo biológico. El llanto vale para llamar la atención de la madre y procurar ser atendido en sus necesidades básicas.

Las emociones que comienzan a ser muy primarias van siendo más sofisticadas con el propio autocontrol del niño.

El placer y el displacer que el niño experimenta se van equilibrando, descentralizando, socializando, evolucionando hacia nuevas formas de emociones y afectos, que, de alguna manera, van formando el carácter de la persona.

Aprendemos a estar alegres o tristes. La alegría es una respuesta del bebé ante el estímulo que supone la presencia de la madre, como anticipación de placer. La tristeza, como respuesta de displacer, anticipa la ausencia de la madre y lo que eso constituye de peligro ante la supervivencia y la carencia.

La alegría, como respuesta que anticipa la presencia de la madre, produce también reacciones somáticas o sensomotrices en el niño lactante. Cuando el niño pierde la presencia de la madre, no posee la capacidad mental de representársela, de interiorizarla, lo cual produce que las emociones sean tan intensas y absolutas. Es un control que debe ir aprendiendo a establecer a través de la representación mental.

Deja de ser así cuando el niño tiene capacidad representativa y de lenguaje. Ante la ausencia de la madre, al niño con capacidad de representación le basta la palabra «mamá» para superar esa ausencia, y esto es, a todas luces, una ganancia en el terreno del autocontrol personal. Su madre, po-

> La presencia-ausencia de la madre es la primera emoción fuerte que el ser humano debe aprender a controlar.

dríamos decirlo así, vive en su interior de modo representado, lo cual implica que el niño realiza un mayor control emocional. Las emociones básicas del lactante son cada vez menos intensas, absolutas y descontroladas. La palabra cumple la función del objeto que representa. Este dato es de una enorme importancia, ya que significa que el mundo conceptual está dirigido y vale para crecer afectivamente como persona y subraya el crecimiento conceptual, lo cual es de enorme importancia para los aprendizajes tempranos: comprensión, lenguaje hablado, lectoescritura y cálculo...

Desde este momento, las emociones pasan a evolucionar hacia el terreno de los sentimientos. Éstos son emociones más sutiles y evolucionadas que forman parte de la afectividad humana: emociones–sentimientos–afectos son los caminos evolutivos de esta realidad del hombre. La alegría y la tristeza nos expresan un mundo interior que evoluciona desde el egocentrismo hasta lo social. Y esto son grados adquiridos de autodominio y autocontrol personal.

Los rasgos humanos que se inician con la sonrisa del lactante feliz son ya una previsión maravillosa hacia la madre. Suponen el primer paso hacia la adaptación social, hacia la primera incursión al mundo de los otros. Este dato es fundamental dentro del proceso de autocontrol.

> La sonrisa del niño es un acto maravilloso de autocontrol social.

La relación que se puede observar aquí como primaria es la que establece con su madre, como hemos visto. Es por tanto de gran interés que los niños tengan con sus madres una relación emotiva primaria de alta calidad, pues muchos conflictos y parte de la personalidad se determinan en este periodo. Esto supone el primer sistema de estimulación afectiva que redunda en una mejor integración cognitiva. No existe separación en estos momentos entre conocimiento y emoción.

Conocimiento del propio cuerpo, de las personas y objetos del entorno.

El primer paso de autocontrol se pone en relación con la madre

1. La madre y el niño:

La madre representa para el lactante la primera puerta hacia el mundo externo, social. Supone la primera relación social, por el traspaso de emociones básicas que van desde la madre hacia el niño.

La importancia de esta primera socialización es de una dimensión extraordinaria, y su elemento básico está en la experiencia emotiva de alegrarse o entristecerse ante la presencia-ausencia de la madre. Con ello aprende la primera relación con lo social, determina la manera como se relacionará con los demás, desde luego partiendo de la afectividad.

De esto se deduce que el establecimiento de una buena relación con la madre es fundamental para la formación y el equilibrio de la personalidad. Una mala relación con el bebé, una actitud negativa hacia el lactante, es la base que puede desequilibrar la evolución posterior del psiquismo. Por eso, es importante que la relación entre la madre y el niño sea de calidad, y no es que la madre esté más tiempo con su hijo, sino que su relación con él sea de calidad, de amor y de afecto sutil. Sólo de esta manera es posible también que adquiera grados cada vez mayor de identidad y autonomía personal, es decir, de autocontrol y dominio de sí mismo.

2. Las relaciones objetivas según Spitz:

Spitz demuestra que la relación con la madre determina la personalidad posterior del adulto; este psicoanalista, observador del comportamiento infantil, divide la relación con la madre, a estas edades de lactancia, en tres etapas, o fases, denominadas como: a) fase preobjetiva; b) fase del objeto precursor, y c) fase objetiva. Estas fases necesariamente nos abren al conocimiento de cómo el niño puede ganar autodominio, independencia o autocontrol, paulatinamente.

La palabra objetiva hace referencia a la madre como meta de los afectos del niño. O sea, que refiere la relación afectiva o emocional que el lactante y la madre mantienen, que son fundamentales para el niño, y desde las cuales se generan las dimensiones psicológicas.

El objeto primero y esencial de relación del niño se establece con la madre; a esto se llama relación objetal.

— Fase preobjetiva: Durante los tres primeros meses. El niño no reconoce a la madre, su objeto amoroso no existe.

— Fase del objeto precursor: Va desde lo tres a los ocho meses.

El niño sonríe ante cualquier cara humana, aunque sea una expresión rústica. Parece que en su interior tuviese una especie de esquema de la cara de la madre, a quien ya dirige su amor. A esto se lo llama Spitz, primer organizador. Alrededor de este objeto precursor el niño organiza su psique; alrededor de él se organizan los afectos, las percepciones, los movimientos y otras facetas del lactante. El lactante conoce ya perfectamente a su madre. Este primer organizador desde el punto de vista de la estimulación temprana es la base de los esquemas cognitivos, del desarrollo intelectual. Por esto

> Las emociones experimentadas por el niño cuando es bebé son la base del autocontrol emocional humano.

siempre estamos marcando el hecho de que entre lo cognitivo, lo afectivo y lo social existe un vínculo muy estrecho.

— Fase objetiva: A los ocho meses.

El lactante conoce a su madre. Manifiesta alegría hacia ella, y la generaliza en forma de sonrisa a cualquier desconocido. Ante la ausencia de la madre se produce la angustia de los ocho meses. Aparece el segundo organizador de su psicología, pero ahora con su madre real, no sobre el esquema anterior. Esto determina el equilibrio afectivo del niño. Las alteraciones en este equilibrio pueden generar problemas psicológicos en la personalidad humana.

3. El autocontrol comienza en una relación de calidad madre-hijo:

Las personas que están alrededor del niño, que le atienden, son personas que le gratifican y frustran. En su relación con el mundo el niño vive estados emotivos ambivalentes: ama y odia al mismo tiempo a la misma persona con relación a lo que le hace. La figura materna es un objeto privilegiado para el niño. La comunicación entre la madre y el niño es fundamentalmente a través del gesto y las señales.

Para Spitz este sistema de comunicación de estímulos y respuestas comienza ya en los primeros meses de la vida. El niño responde al rostro de la madre y no se limita sólo a él. La sonrisa es una conducta de adaptación.

El niño necesita ser estimulado por las relaciones humanas, sin lo cual sufriría un proceso de frustración.

La educación del lactante consiste en estimularlo adecuadamente mediante el equilibrio de una buena atención materna, en una actitud positiva hacia su hijo. Sonreírle, acariciarle, hablarle...

No es posible que exista un adulto dueño de sí mismo, equilibrado y autocontrolado si las primeras experiencias afectivas fueron negativas.

Hay una relación muy estrecha entre salud y atención materna de calidad. Se debe establecer una buena sintonía entre madre e hijo. Sin amor, el niño sufre. Esto pasa por ejemplo con el niño no deseado, que incluso en ciertas circunstancias negativas puede hasta somatizar enfermedades, e incluso llegar a la muerte. Esta desarmonía puede hacer que el niño genere incapacidad para manejar su propia angustia. Cuando la madre no está tiene que manejar la angustia que le supone el perder su objeto de amor. Ella representa su fuente de gratificación. Si la madre no está su emoción es de tristeza. Si su madre se acerca, su emoción es de alegría. Esta es la base del equilibrio psicológi-

co del niño, base también de la propia independencia
y el autocontrol.

La familia como base del autocontrol

Nos hemos detenido un poco en esa fase del primer
año de la vida para analizar lo esencial que es iniciar una
vida equilibrada desde que nacemos. Luego, lo demás
va también surgiendo en una interrelación continua con
la dinámica y el tipo de familia que tengamos cada cual.

Es posible preguntarse que si la familia es un
núcleo en crisis, en perpetuo cambio: ¿será así muy
difícil que los miembros de la familia logren también
un nivel equilibrado
de autocontrol perso-
nal? Pues no deja de
ser el autocontrol un
grado de la madurez y
del desarrollo positi-

> Es en la familia donde
> la persona aprende
> paulatinamente a ser
> autocontrolada.

vo de la persona que se aprende y se pone en juego
en el ámbito familiar. Quizá sea bueno interrogarse
sobre esto cuando estemos ante rupturas familiares
muy frecuentes, o familias con coyunturas de conflicto.

Para el doctor Castell, la familia está en crisis, en
perpetuo cambio debido a que expresa un modo cultural y social de una época: *«El triángulo familiar
(padre, madre e hijo), la familia nuclear clásica, está
sometido a un profundo debate. Incluso hay quien dice
que está en crisis irreversible.»* Para este autor hay una

serie de puntos esenciales en la crisis, la comunicación y las actitudes de la familia:

1. Crisis:

— La tercera ola (Alvin Toffler). La familia nuclear compuesta por un marido trabajador, una esposa ama de casa y dos hijos, representa el 7 por 100 de la sociedad total de los Estados Unidos; el 93 por 100 ya no se ajusta a este modelo de familia.

> En una familia actual en crisis el autocontrol de sus miembros es más difícil.

Luego el concepto de autocontrol en la familia debería buscarse más en esa variabilidad del ámbito familiar que la familia tradicionalmente entendida.

— Las naciones tecnológicamente avanzadas están actualmente llenas de una sorprendente variedad de formas familiares.

— Stierlin (Universidad de Heidelberg). Un vistazo a la historia nos revela que la naturaleza, composición y función de la familia difieren mucho según la época y el medio cultural. La familia siempre ha sufrido cambios paralelos a los cambios de la sociedad.

— Hay crisis en la familia, pero es verdad que siempre la ha habido... Antes también había más capacidad de reparación en las trifulcas cotidianas... Ahora, por la más mínima contrariedad matrimonial, las parejas y las familias se deshacen... Falta práctica en el ejercicio de una función básica en el mantenimiento del equilibrio familiar: la comunicación entre sus miembros.

Todas estas cuestiones afectan al autocontrol de los miembros de la familia, a la capacidad de dominio personal. Es lógico que a más alta conflictividad sea más difícil sostener conducta de autocontrol personal, y se puedan dar situaciones de estrés.

2. Comunicación:

— Existen formas típicas de incomunicación familiar... Se impone volver a la comunicación familiar. Las pequeñas vicisitudes cotidianas, por insignificantes que sean, tienen que poder ventilarse haciendo partícipes a los elementos de la familia.

Es normal que existan mecanismos internos de regulación de los comportamientos conflictivos en las familias; pero deben verificarse desde el desarrollo de la capacidad de autodominio personal.

3. Actitudes:

— La sobreprotección de los hijos es un error de actitud muy común... Produce en los hijos carencias de autonomía por exceso de protección parental (todo se lo hacen los padres y ellos son incapaces de hacer algo por su cuenta), genera en los hijos situaciones de angustia cuando tienen que separarse de los padres.

> Hiperproteger a los hijos les hace crecer menos autónomos y menos autocontrolados.

Por supuesto que estos hijos serán inmaduros para lograr un autocontrol equilibrado frente a sí mismos y los demás.

— Hay que evitar las propias proyecciones que producen la sobreprotección filial (proyección de problemas personales). Debe haber equilibrio en las relaciones familiares para no generar situaciones de inseguridad... Los padres deben tener intuición, saber captar las necesidades de los hijos y dar respuestas adecuadas. No ser excesivamente permisivo ni excesivamente rígido... Hay que saber ponerse en el sitio del niño.

La educación familiar para el autocontrol, como en cualquier otra cosa, es fundamental en su base.

Todo esto son, en el fondo, situaciones donde el autocontrol, o dominio personal, es fundamental.

La familia actual es menos autocontrolada

El padre como figura, dentro del marco familiar, ha ido cambiando a lo largo de la historia. De ser una figura autoritaria y distante ha pasado a ser una figura más diluida y participativa, según la revista *Crecer Feliz*:

> *«Las estadísticas demuestran que el hombre actual, participativo, dialogante y muy pendiente de la familia es también un padre estupendo... La emancipación de la mujer y la incorporación de ésta a un puesto de trabajo han hecho posible la creación de un nuevo modelo familiar, en el que tanto el hombre como la mujer contribuyen con su salario al mantenimiento de la familia..., han traído un nuevo reparto de papeles sociales... Las nuevas*

parejas tienden cada vez más a compartir las actividades de su hogar... ¿A qué se debe este cambio de la psicología masculina...? Al diálogo de igual a igual entre la pareja... Estamos ante un nuevo compañero, que vive su paternidad desde el comienzo, compartiendo con su pareja los temores iniciales

> El padre es hoy en día más participativo en las cosas de la familia.

del embarazo, los sueños y las molestias que ella tiene... Ya no se conforma con ser un mero espectador, exige abrazar, acariciar, cuidar, jugar y disfrutar de su pequeño... Los padres saben dar el biberón a sus hijos tan bien como la madre. Captan con rapidez cuándo el niño quiere descansar un poco, cuándo necesita eructar, etc.»

Todos estos aspectos basados en la solidaridad de la familia, en la comprensión y comunicación entre sus miembros, en el espíritu de colaboración, son los que dan coherencia y consistencia al medio familiar, y es en este clima donde el autocontrol de la persona se forja como un valor más. Esto no quiere decir que no puedan existir conflictos, salidas de tono... Lo importante en el medio familiar es adquirir un estilo donde el autocontrol y la solidaridad estén presentes.

Para el doctor Castell, *«el padre no puede estar ausente de la estructura familiar. Su figura es mucho más trascendental de lo que muchos creen.*

Si no está presente durante los primeros años de la vida surgirá la madre dominante... La presencia del padre impedirá que surja una unión simbiótica, frustrante y aniquiladora entre madre e hijo... Las dos tareas fundamentales del padre, que, obviamente, sólo puede realizar si está presente, son: abrir al niño al mundo que le rodea y abrirse él al niño —especialmente si el niño es varón— como modelo de identificación... Hay que saber ser padre en el amplio sentido de la palabra..., en una paternidad responsable... Para Alejandro Dumas: "Papá es un niño que yo tuve cuando era pequeño."»

Es en la familia donde aparecen mil circunstancias que hay que aprender a autocontrolar.

La verdad es que esta es la base para aprender que el medio familiar debe controlar multitud de pequeños matices que den coherencia al ambiente y el clima que se puede generar en la familia. Si se parte ya desde la infancia con este tipo de comportamientos, el autocontrol de los miembros de la familia será mucho más fácil y evidente. Realmente contra el descontrol y la falta de autodominio, en el medio familiar, debemos potenciar la armonía. Esto debe prevalecer a cualquier edad que tengan nuestros

El padre es un modelo de conducta principalmente para el niño varón.

hijos. Esa coherencia necesariamente producirá individuos con gran dominio de sí mismos.

Nos interesa resaltar en este estudio la figura paterna, quizá por el cambio de funciones tan espectacular que está experimentando en los últimos tiempos. José Antonio Gris nos dice sobre el padre que es una figura que tiene connotaciones de héroe,

> No hay circunstancias más favorables para aprender autocontrol que las que se dan con la rivalidad fraterna.

por lo cual el niño seguirá su comportamiento para identificarse e imitarlo:

> *«El papel más importante comienza cuando imparte actividades con el hijo, cuando se le ayuda, se le habla, se le educa. De lo que se le enseña dependerá su comportamiento... El papel del padre parece difícil, pero no hay nada que no se pueda superar con cariño, diálogo y comprensión.*
>
> *Para este autor, desde los primeros meses, «el niño capta las formas de pensamiento o conductas de los padres, patrones de comportamiento que luego proyectará en la escuela; el padre se convierte así en "el ideal", centro de todo poder y autoridad, fuente de sabiduría, aptitud creadora, fuerza, seguridad...».*

Evidentemente, en el grado de madurez, en el dominio personal, en el autocontrol del padre, habrá una proyección hacia el hijo. Para J. A. Gris, el padre representa la masculinidad para los niños varones que permite comparar caraterísticas semejantes; para las niñas marcará su futura relación con otros hombres. Si el padre es tan importante para el hijo, sus niveles de antodominio y autocontrol para ejercer este rol deben ser algo fundamental.

> *«Las muestras afectivas que tengas hacia tu hijo, o las que mantengas con tu pareja en su presencia, modelan este patrón de identificación afectivo hombre-mujer (tanto si es un niño como si es una niña), y cuando sea adulto, influirá decisivamente en la elección de su pareja, en su afectividad...»*, dice Gris.

Por supuesto que también lo hará en el modo de dominio personal, en el autocontrol que vaya a tener como persona.

Para Gris, si el niño no tiene al padre, crece sin él, adoptará otra figura sustitutoria —un tío, un abuelo— como modelo de identificación. Dice:

Son muchas las circunstancias en las que los miembros de la familia deben ejercer autocontrol, algunas de ellas extremas, como la que supone el divorcio.

> *«La capacidad de ser líder en la familia significa saber aumentar la autonomía de los otros, del hijo en este caso, ganándose la confianza de los demás; este liderazgo del padre es imprescindible para lograr el crecimiento y la madurez psicológica del niño y se consigue prestándole mucha atención, conociendo sus*

problemas, favoreciendo sus actitudes de seguridad, ayudándole a valerse por sí mismo y a enfrentarse con los demás; haciéndole, en definitiva, más sociable.»

Realmente, estos son los valores del autocontrol personal, del dominio de uno mismo...

Las relaciones entre hermanos

El tema de las relaciones fraternales es de vital importancia en la familia y su posterior evolución. Es frente a los hermanos donde el niño o la niña pone a prueba su capacidad de autocontrol o dominio personal. La rivalidad fraterna, por ejemplo, es la mejor escuela —cuando se supera— para aprender a dominarse a uno mismo.

Nos dice Ajuariaguerra que, *«según Cahn, el niño desea que la madre sea exclusivamente para él, y la existencia de hermanos ocasiona ineluctablemente, sea cual fuere la circunstancia particular, una rivalidad fundada en la experiencia de una frustración generadora de envidia... Para Sewall, las envidias maternas son mucho más importantes cuando la madre está excesivamente pendiente que*

Son muchos los factores que inciden para producir estrés en los niños, y la mayoría están en la familia y la escuela.

cuando es despreocupada... El niño reacciona diferentemente frente al nacimiento del primer hermano que al de los siguientes... Se admite generalmente que el primogénito figura a menudo entre los niños que presentan dificultades... La situación del primogénito no es cómoda: hijo único al principio y beneficiario exclusivo del afecto de los padres, debe compartirlo más tarde con el segundo y adoptar además, para con este recién llegado, una actitud cariñosa...».

Al imitar a los modelos de su entorno,el niño logra niveles de autocontrol sobre su conducta.

Este tipo de situaciones familiares es crisol donde se hace o no que la persona logre cotas de autocontrol y dominio personal. La rivalidad fraterna es un tema que puede durar toda la vida y ser un signo de falta de madurez en el autodominio personal.

Problemáticas sociales de la familia

1. Divorcio:
El autocontrol que los padres deben ejercer sobre el hecho de la separación de la pareja, y frente a los hijos, es el de que consideren siempre que ya no podrán jamás dejar de ser los padres de sus hijos. Y esto requiere, no importa qué pueda haber sucedido en la pareja, mucho dominio de sí mismo; en el sentido de que ambos padres deben cumplir con el rol de padres,

y hacerlo de una manera autocontrolada, coherente y de la manera más educativa posible.

2. El estrés en los niños:

Rosa M. Tristán, en un artículo, nos comenta que el 45 por 100 de los niños españoles sufren depresión y ansiedad en nuestro país, y que esto se debe a una serie de factores, que se relacionan con nuestro estilo de vida, como son la violencia en la televisión, la competencia escolar, el ruido, las separaciones conyugales, las actividades extraescolares y la falta de espacio para jugar. Nos dice:

«Es incapaz de estarse quieto, se muerde las uñas, duerme mal y sufre con frecuencia dolores de estómago. Forma parte del 45 por 100 de los niños españoles que tienen un problema de estrés, el mayor riesgo de los menores de edad en un país industrializado como es España.

La competitividad escolar, la presión de los padres para que desde la más tierna edad sean "los mejo-

Son muchas las cosas que afectan a los niños en nuestra sociedad para que padezcan también estrés como sus padres.

res" por encima de todo, la separación o el divorcio de los progenitores, la falta de espacio al aire libre para jugar, las tardes pasadas delante de un televisor plagado de violencia, los continuos ruidos de las grandes ciudades son algunos de los factores que están generando unos problemas de ansiedad y depresión en los niños que hace unos años eran difíciles de imaginar.»

Algunos de los datos recopilados por María Concepción Iriarte Redín, autora del estudio *El estrés, un problema de hoy en el mundo infantil*, son reveladores entre los 11 y los 14 años: un 14 por 100 presenta niveles de ansiedad y depresión y un 45 por 100 padece un estrés asociado a los exámenes...

«La presión del triunfo no sólo afecta a los ejecutivos. Entre las causas que originan a tan temprana edad problemas típicos de la vida adulta, la doctora Iriarte destacó el llamado "fenómeno invernadero", que consiste en educar a los niños artificialmente, es decir, mantenerles continuamente ocupados por su formación y su futuro, atiborrándoles de actividades extraescolares que no pueden asimilar al ritmo adecuado.

Al niño no hay que dejar de estimularlo, pero hay que hacerlo de modo equilibrado.

A los niños hay que prestarles atención y tiempo de calidad.

Al analizar las conductas, se comprueba que todos los menores estresados tienen un concepto negativo de sí mismos, ocho de cada diez son demasiado irritables y la mitad experimentan un sobreesfuerzo por la necesidad de demostrar su valía personal. Especialmente vulnerables son entre los 9 y los

10 años, cuando se abren al mundo pero aún no han adquirido una capacidad crítica.»

Claro que estos datos no nos pueden llevar a la conclusión de que no responsabilicemos al niño, le motivemos hacia el trabajo, etc. Está muy claro que lo que no se debe hacer, por parte de los padres, es llevar las cosas a situaciones extremas.

Cada niño tiene su ritmo y su capacidad para las cosas, y eso es sagrado respetarlo, pero no podemos pasarnos tampoco al extremo: que no produzcan, con su actividad, una vida dinámica en un buen grado (los niños se definen también por su vivacidad).

La televisión produce efecto de descontrol en el comportamiento de los niños.

El estrés también se caracteriza como una necesidad que tenemos para vivir, para ser productivos en la sociedad, y, tomado con cierta dosis equilibrada, el estrés es bueno. Cuando se producen síntomas psicológicos o físicos extremos es ya malo.

Recuerdo un caso que me contaron sobre un niño a quien sus padres le habían comprado un juguete electrónico de estos manipulativos, cuya única función era desarrollar una habilidad de tipo manual. El niño se pasaba, a espaldas

La vida moderna nos trae ventajas, pero también muchos inconvenientes.

de los padres, con esta actividad de juego, no sólo durante casi todo el día sino por la noche; e incluso jugaba debajo de la sábana con una linterna, hasta altas horas.

133

El resultado fue que padecía sueño durante el día, estaba irritable y no atendía en el colegio, mostrando una desadaptación de conducta muy problemática. Finalmente, el niño se tuvo que someter a un tratamiento psicológico.

Está muy claro el efecto negativo que este juego produce. Sin embargo, yo observo, sin que por supuesto recomiende a nadie este tipo de juguetes (que me parecen horribles), que lo que realmente falla es el factor de dedicación de los padres; no creo que sea este un tema intrínseco al uso de un juguete, sino de la atención de los padres hacia la actividad de su hijo.

Creo que se puede jugar con una maquinita de éstas si regulamos el tiempo que el niño le dedica y evitamos el factor adicción, como en cualquier otra cosa de la vida.

Nos dice Rosa M. Tristán, al respecto de la violencia en la televisión, que los niños están de 1.000 a 1.500 horas delante de la pantalla televisiva —al año— y los compara con las 750 horas que pasan en el colegio. Por supuesto que aquí está la cuestión educativa para que a nuestros hijos no les produzca daño ver la televisión. Yo no creo que debamos quitarles la televisión, aunque, eso sí, regularles el tiempo que pasan frente a ella y qué cosas ven.

«En ese tiempo muchos programas violentos pasan por delante de sus ojos, demasiados crímenes, drogas y alcohol. Este cóctel causa una excitación que, según los expertos, los menores interiorizan con una fuerte tensión. Así, además de fomentar una pasi-

vidad poco saludable en la infancia, la televisión se convierte en un factor de estrés.

Por si esto fuera poco, los pedagogos y psicólogos han comprobado que el continuo cambio de escena en la televisión les impide aprender a concentrarse y su subconsciente se "impregna" de una movilidad que luego trasladan a la vida real.»

Ya desde la escuela la competitividad es algo que existe en nuestro sistema social como una cualidad cultural: somos fuertemente competitivos en todo lo que hacemos, y el niño lo está captando y se somete una dinámica de continua evaluación en la que se pone en evidencia la eficacia o ineficacia de la persona (notas escolares, evaluaciones...); el fracaso escolar es la consecuencia primera de un fracaso en un sistema fuertemente competitivo y comparativo.

Dice la autora que venimos comentando que *«el colegio provoca estrés entre el 18 y el 45 por 100 de la población infantil. El miedo genérico a este primer espacio fuera del hogar, que llega a causar auténticas fobias, afecta a uno de cada cinco escolares, y casi la mitad padecen una ansiedad problemática en torno a los 13 y 14 años, cuando se enfrentan a los exámenes».*

También les está afectando, según R. M. Tristán, nuestro entorno ruidoso, las separaciones conyugales, el exceso de ocupación en actividades extraescolares y la falta de espacio para jugar. Realmente nuestro entorno no es sólo un lugar hostil para los adultos sino también para los niños. Nos dice:

«Salir de paseo entre el barullo del tráfico y el repiqueteo de las construcciones, jugar oyendo de fondo la radio a toda pastilla, o hacer los deberes con el neutro sonido de los ordenadores junto a la mesa es algo habitual para los niños de los 90...

En España hay 35.000 matrimonios disueltos, el 73 por 100 con menores de edad de por medio. En uno de cada tres niños de padres separados se han identificado síndromes depresivos, aunque hay quien eleva esa cifra a las tres cuartas partes de los menores. "Por un lado porque cambia la atmósfera en la casa, el dinero se convierte en un problema, y normalmente los hijos sufren diariamente un 'tira y afloja' entre el padre y la madre..."

Por si fuera poco el programa escolar, cada vez más menores no tienen tiempo para jugar. En esa ansia por invertir en su formación, los padres no dejan de apuntarles a cursos y cursillos de danza, de idiomas, de música, de yudo...

Y no sólo les falta tiempo, sino que no tienen dónde jugar. Los niños ya no pueden disfrutar su ocio en la calle y en las grandes ciudades hay pocos parques...»

Hay muchos factores que nos llevan a pensar de modo negativo sobre la forma que tenemos de vivir. Quizá no nos recompensa tanto nuestro estilo de vida como podría ser deseable. No es que vivamos mejor o peor que antes, sino que todos los factores indican que debemos intentar mejorar nuestra calidad de vida, pues está demostrado que no es tan buena como nos pudieran hacer creer; eso sí, quizá sea la única que podemos tener por ahora. Y en el cambio, cada uno de nosotros debemos poner nuestro pequeño grano de arena.

Nuestros hijos tienen lo que los adultos los dan. Y si nuestra sociedad carece de calidad de vida, esa carencia la están viviendo también nuestros hijos. Es lógico que los niños vivan el estrés como los adultos; es lógico que la escuela sea competitiva cuando la sociedad es lo que reclama (todo en nuestro alrededor es competencia). Es lógico que los niños puedan ser agresivos y sean hiperactivos: ¿qué son nuestras televisiones en sus contenidos, sino auténticos vertederos de basura? Y si no educamos a nuestros hijos a ver esto, si no controlamos su tiempo, pueden caer en una deformación: ¿por qué nos extrañamos y echamos las manos a la cabeza cuando hay niños que matan y violan...?

La verdad es que nuestra sociedad debe plantearse muchas cosas en el terreno del autocontrol, pues no todo vale; o no debería valer todo...

CAPÍTULO VIII

LA CONDUCTA ESTRESADA

Estrés

No hay nada peor contra el autocontrol personal que estar estresado. Si uno padece en algún grado esta situación de estrés, desde luego que es más difícil que pueda tener un dominio efectivo sobre sí mismo y su entorno. Por eso vamos a determinar y definir en qué consiste estar estresado.

El estrés puede afectar tanto al cuerpo como a la mente, y lo hace de un modo diferencial, en el sentido de que puede afectarnos de un modo grave o leve; esto va a depender del agente (o los agentes que producen el estrés). Lo que hace el estrés es alterar el mecanismo tanto físico como psicológico, y si el estrés no es tenido en cuenta puede ir agravando la situación hasta llegar a desencadenar enfermedades realmente graves.

El estrés afecta a la mente, produce alteraciones en la personalidad (sistema afectivo-emocional) y puede ser reflejado en afecciones corporales. Hay que estar atentos a los efectos del estrés, pues es uno de los males que aquejan a nuestra sociedad, producto de nuestro estilo de vida, malos hábitos y sometimientos a un ritmo que puede desencadenar incluso la muerte.

A lo que afecta el estrés

Se dice que pueden estar asociados a situaciones de estrés:

«El aparato digestivo (las gastritis, úlceras, colitis y colon irritable), músculos (espasmos musculares, tics nerviosos y temblor), corazón (angina de pecho y alteraciones del ritmo cardiaco), pulmones (reacciones asmáticas), piel (erupciones cutáneas), boca (dolencias bucales de varios tipos), pelo (calvicies en diferentes grados), infartos, alta presión sanguínea, insomnios, reacciones menopáusicas, disfunciones sexuales, el dolor de cabeza (migrañas), el cambio de humor, la depresión...»

El estrés puede constituirse en una enfermedad psicosomática.

En unas tablas de Simón y Miñarro podemos ver los *principales trastornos psicofisiológicos o psicosomáticos, agrupados por sistemas orgánicos:*

Cardiovasculares.
Coronariopatías.
Hipertensión arterial.

Insuficiencia cardiaca congestiva.
Digestivos.
   Úlcera péptica.
   Colitis ulcerosa.
   Síndrome del colon irritable.
Respiratorios.
   Asma bronquial.
Dermatológicos.
   Rosácea.
   Urticaria.
   Dermatitis atópica o neurodermatitis.
   Psoriasis.
   Alopecia areata.
Músculo-Esqueléticos.
   Artritis reumatoide.
   Otros.
Endocrinos (hipetiroidismo, síndrome premenstrual).
Inmunitarios (infecciones, alergias, trastornos autoinmunes).
Dolor psicógeno.

En otro estudio se señalan como indicadores del grado de estrés y causas que lo provocan:

Indicadores:
   — *Aumento de la tensión arterial.*
   — *Aumento de la glucosa en sangre.*
   — *Aumento del colesterol.*
   — *Elevada concentración de hormonas esteroides.*
   — *Inmunidad deprimida.*

141

— *Debilidad muscular.*
— *Pérdida ósea.*
— *Concentración de grasa en el abdomen.*
Causas más frecuentes:
— *Muerte de un ser querido.*
— *Divorcio.*
— *Disputas familiares.*
— *Pérdida de trabajo.*

(Universidad de Rockerfeller.)

«Lo importante no es lo que ocurre, sino cómo reaccionamos ante ello. Y precisamente la capacidad de adaptación de los acontecimientos, sean buenos o malos, hace que lo que a unos produce un estrés, a otros apenas les afecte», nos dice un reportaje publicado por *ABC*.

El estilo de vida

El estrés no es algo que haya surgido ahora, pero sucede que en la actualidad somos más propensos a padecerlo. El estrés es algo connatural a la vida y en un cierto nivel se asocia con la vitalidad y la tensión propia para adaptarnos; ahora bien, cuando sobrepasamos el límite de lo natural entonces desequilibramos los procesos naturales, y sucede como con cualquier otra cosa, se establece el desequilibrio y por tanto la enfermedad.

El estrés se produce por el influjo de factores externos e internos del individuo.

Vicente Simón y José Miñarro nos dicen al respecto:

«*El estrés no es un fenómeno nuevo. Ha existido siempre íntimamente ligado a la evolución del ser humano y al fenómeno de la vida. El mismo proceso de nacer —el paso a través del canal del parto— constituye una situación fuertemente estresante* (Lagercrantz y Slokin, 1986). *Desde hace millones de años el hombre se enfrenta con el estrés y se puede incluso decir que*

> Es nuestro estilo de vida el que influye de una manera determinante en nuestra psique y cuerpo.

gracias a él ha sobrevivido, obligándole a adaptarse a un mundo en transformación constante.

Lo que sí es relativamente nuevo es la cualidad del estrés, que se ha hecho más psicológico y emocional que físico. Lo que caracteriza a la sociedad de hoy es el cambio permanente. El estrés ha llegado a ser un fenómeno social importante.»

«*Y los investigadores insisten, una vez más, en que el estrés crónico tiene un efecto físico indudable, en ocasiones con fatídicas consecuencias, que pueden desembocar, incluso en la muerte por infarto*», dice el artículo de *ABC*.

Es nuestro estilo de vida el que puede hacernos caer en crisis. Una pregunta obvia es: ¿su estilo de vida puede acarrearle un estrés que le pueda poner a usted en algún momento en jaque? Su respuesta es algo muy personal.

El mismo estilo de vida para dos personas diferentes puede afectarle también de modo diferencial. Sucede igual que con el tabaco: entre dos personas que fuman, uno puede llegar a los cien años y otro no sobrepasar los cincuenta.

Quizá lo importante sean las estadísticas, que indican que un gran porcentaje de nosotros está siendo afectado por su modo de vida.

«Desde el punto de vista de la salud, más importante que cómo nos sentimos cuando se producen fenómenos estresantes en nuestras vidas es cómo reacciona nuestro cuerpo y qué reflejo tiene en la producción de ciertas hormonas —advierte el doctor McEwen en el artículo que comentamos—. *Durante episodios de estrés agudo, hormonas como el cortisol primero nos protegen activando las defensas del organismo a través de una compleja cadena de sucesos bioquímicos para, más adelante, "provocar una cascada gradual y constante de cambios fisiológicos dañinos".»*

El nivel de estrés afecta de modo diferente a los individuos.

Vacaciones de estrés

Las vacaciones, la demanda de tiempo de ocio, son algo realmente explosivo como fenómeno mundial. Nunca las masas se movieron tanto en busca del relax, del cambio de vida. Sin embargo, en una sociedad como la nuestra, incluso esos cambios, que buscan la relajación, nuevas vivencias..., los tomamos de un modo que producen más estrés.

Almudena Martínez dice en un artículo que titula *Agotados en vacaciones:*

> *«Los cambios de horarios, las comidas copiosas y el ocio mal aprovechado son las peores terapias para reponer las energías... Las vacaciones de verano, que deberían servir para descansar y reponer las energías, se convierten en muchas ocasiones en todo lo contrario. A veces son demasiadas las cosas que se quieren hacer en ese período de tiempo como para que el organismo se recupere del cansancio acumulado durante todo el año...»*

Somos tan contradictorios que podemos realmente hacer cosas que, analizadas, uno no sabe qué sentido tienen.

Por ejemplo, yo he publicado una obra de relajación, a la que se le acompaña una cinta de casete, y, desde mi punto de vista, no hay nada más extraño e impropio de la relajación que hacerlo con ruido: voz, música..., creo que esto no se entendería en Oriente.

Esta anécdota fue mucho más allá cuando una persona de una editorial me pidió la elaboración de una cinta de casete para que la gente se relajase mientras conducía el coche. Por supuesto, eso era imposible de hacer, a la vez que podría ser un peligro para aquellos que lo intentasen.

Entender unas buenas vacaciones es disfrutar de la vida. Nos comenta Almudena Martínez, que, para reponer energías según Ramón y Cajal:

«El ideal consiste en que seamos máquinas siete u ocho horas; hombres, ocho o diez; vegetales, siete u ocho, y burgueses, un día a la semana y un mes al año.» Esta era la receta de Ramón y Cajal para reponer energías y lograr la perfecta restauración orgánica... También recomendaba el médico que el descanso se celebrara en el campo, «porque el hombre es un nostálgico de la naturaleza, de donde la civilización le desterró...». Sin embargo, muchas personas, en lugar de recuperar la vitalidad durante las vacaciones estivales se agotan más...*

> El estrés en un nivel adecuado es bueno para mantener la vida, lo que sucede es que vivimos al límite.

Sin tiempo para nada

En este sentido, los occidentales somos realmente increíbles: ¡no tenemos tiempo para nada! Nos gusta presumir de lo muy ocupados que estamos; para todo tenemos prisa... Pero, ¡claro!, es muy frecuente ver a ejecutivos morir de estrés por enfermedades graves de tipo cardiovascular, por ejemplo. Alix Kirsta dice:

«Las enfermedades provocadas por el estrés han adquirido proporciones de epidemia... Se ha extendi-

do la idea errónea de que estas catástrofes relacio-
nadas con el estrés son exclusivamente de ejecutivos
en ascenso. En reali-
dad nadie está inmuni-
zado contra esta plaga
que se encuentra en
las fábricas, en las ofi-
cinas, en las cocinas,
en viejos y jóvenes, y también en la sala de sesiones
de la junta directiva.»

> Son nuestro modo de
> entender la vida y nuestra
> conducta los que nos
> encaminan hacia el estrés.

Las artes del buen vivir, el entender el tiempo, la deso-
cupación... todo eso lo vamos perdiendo. No es posible
tener mucho tiempo para el sosiego, y por tanto nos abo-
camos a vivir de un modo estresado, hoy más que nunca,
e incluso el ocio y el relax lo entendemos como un sistema de tensión. No sabemos disfrutar y tener para nosotros
momentos placenteros; pero sí vivimos continuamente
con la soga al cuello, con la tensión hasta el límite, y a
esto lo llamamos vida moderna...

Dice el artículo de *ABC*:

> *«Para combatir la "carga elostática" (precio
> que nuestro organismo tiene que pagar cuando nos
> habituamos al estrés) que provocan las tensiones
> propias del aislamiento social, la pobreza y la falta
> de control personal en el entorno laboral, entre
> otras situaciones estresantes, sugieren que todos los
> profesionales sanitarios, y los médicos en particular,*

ayuden al paciente a sobrellevar los problemas, a reconocer sus propias limitaciones y también a relajarse. En definitiva, que enseñen a los afectados por el estrés a "tomarse la vida con filosofía", ya que lo importante no es lo que nos ocurra, sino cómo reaccionamos ante esos acontecimientos.»

No se trata de que nos introduzcamos en un mundo feliz donde la tensión y la preocupación desaparezcan de nuestras vidas; eso es imposible, pero sí cambiar el carácter físico y emotivo de nuestros esfuerzos. Pero son muchas las personas que están sometidas al carácter estresante de nuestra vida moderna y no tienen posibilidad de salir de ese estrés (necesidad de trabajar en condiciones precarias, vivir en lugares inapropiados para cualquier ser humano, estar sometido a tensiones emocionales sin posibilidad de obviarlas...).

La vida es un arte.

«Hay gente que "se cansa al menor esfuerzo, muestra agresividad y disgusto por la vida sexual y le cuesta soportar a los niños. La fatiga se traduce en un descenso en el rendimiento laboral, fallos en la memoria, angustia que a veces conduce a la depresión y disminución de la rapidez y precisión de los reflejos, por lo que el riesgo de accidente de tráfico es mayor"», nos dice en su artículo Almudena Martínez.

Por eso no podemos extrañarnos de que la gente, a veces, pierda el control sobre sí misma y aparezcan conductas extrañas y muy distorsionadas. Eso basta con ponerse al volante de un coche y conducir. Todos sabemos la cantidad de reacciones de descontrol que puede existir en nuestra sociedad, que es consecuencia directa de un estrés y una tensión social.

> Hay que entender la vida como actividad, pero también como descanso y equilibrio.

La violencia, la desazón, la mala educación, las reacciones emotivas extremas, en general la pérdida del autocontrol, son realmente productos del estrés que la vida moderna desata. Esto alienta al individualismo y al temor del otro.

Quizá el estrés sea la más clara consecuencia de una sociedad enferma, el síntoma de una sociedad claramente alienada y a la vez torturada...

El estrés se produce por el exceso de tensión relacionado con aquellas cosas que vivimos en nuestro mundo social, familiar o laboral. Y el individuo puede ser afectado de modo solitario, o

> El estrés es una condición que el individuo adquiere en relación a lo que él es como persona y a la interpretación que hace de lo que le rodea.

conjuntos de individuos, que se ven abocados al estrés por tensiones producidas en los ambientes donde se ubican laboralmente.

Podemos observar este mal en las empresas o en los ambientes familiares. El estrés no sólo afecta a los adultos, sino que también los niños padecen esta secuela, en cuanto estén sometidos a una vida diaria de tensión excesiva.

La adicción al estrés

Es curioso que el estrés pueda crear en las personas una especie de adicción. Hay a quien le gusta, o no puede vivir sin tensión, sin el estrés. Las personas que no pueden pasar un segundo sin actividad, aquellos que no pueden estar sin hacer nada, pueden ser personas adictas a la tensión. Esto puede quedar inadvertido para el individuo, pero son comportamientos que nos dan la señal hacia esos síntomas. Se producen así alteraciones del comportamiento.

> Los efectos que produce nuestra lucha por la vida son tan personalistas que llenan al hombre de un inmenso vacío.

«¿Vivimos entonces en una sociedad dispuesta a vender su alma por un pedazo de gloria? —pregunta Ana Muñoz a Bernabé Tierno—. *"Creo que el ser humano se encuentra bastante disperso y le mueve el placer del momento, el triunfo rápido y fulgurante y la fama, el poder presentarse frente a los demás como digno de admiración y de envidia."* En opinión de Lair Ribeiro —continúa diciendo*

A. Muñoz— *"el hombre de hoy no está más obsesionado por la victoria que en el pasado. Lo que ocurre es que le preocupa sobrevivir por encima de todo y cada vez es más difícil encontrar un hueco en este mundo ferozmente competitivo. La gente no está preparada para cambios tan radicales como los que se suceden, por ejemplo, en la organización del trabajo. Esto genera mucha ansiedad y nace la impresión de que con el triunfo podemos dejar de ocuparnos de la supervivencia: la tenemos garantizada".»*

> Para que se produzca el efecto del estrés no hace falta estar muy activo corporalmente, es suficiente con que lo estemos mentalmente.

Cuando estamos sometidos en exceso a la tensión del estrés, realmente somos menos personas, y de aquí que perdamos autocontrol sobre nosotros mismos y sobre nuestras reacciones.

El estrés que se produce sin actividad excesiva

Hasta aquí hemos puesto en relación el estrés con la dinámica de una vida muy activa; mas para que se produzcan niveles de tensión intolerables podemos estar muy poco activos, pero mentalmente muy afectados, en nuestras emociones y sentimientos; muchas son las cosas mentales que pudieran estar generando un nivel de tensión intolerable, aunque llevemos una vida apacible y tranquila en el ámbito físico, o de ocupación laboral.

Fundamentalmente son los sentimientos, las emociones y los afectos los que pueden presionar a la persona hacia estados intolerables de tensión.

Dice Kirsta: «*El estrés no es un problema que afecta sólo a quienes viven vertiginosamente. También sufren este tipo de trastornos personas de vida monótona, y en su caso están provocados por falta de estímulos o son resultado de la ira o la ansiedad que afecta a quienes tienen escaso control sobre sus vidas y sus tareas. El aburrimiento, la envidia y la pérdida de respeto por uno mismo como consecuencia del desempleo son otras fuentes de estrés que afligen al hombre de hoy.*»

Lo que produce más estrés al hombre moderno son sus temores y sus miedos.

El miedo y el temor son fuentes de estrés

El hecho de temer algo puede que nos produzca un alto nivel de estrés, y sabemos cuántas cosas realmente son capaces de hacer que temamos «algo».

Tememos tener una enfermedad; tememos quedarnos sin trabajo; tememos no saber qué hacer si determinamos algunas cosas; tememos que no nos quieran...

Si no logramos vencer nuestro propio temor ante las cosas del mundo y nuestras propias cosas, acumularemos una tensión que llegaría a hacernos daño.

La propia inseguridad y la baja autoestima son fuentes que pueden perturbar nuestra psique, generando sobre nosotros la tan temida tensión del estrés.

La solución a las causas que producen esta tensión es vencer los propios temores. Susan Jeffer nos explica sobre los miedos humanos:

«Nivel 1: Lo que sucede (envejecimiento, incapacidad, jubilación, soledad, los hijos abandonan el hogar, catástrofes naturales, pérdida de seguridad económica, el cambio, la muerte, la guerra, una enfermedad, perder a un ser querido, los accidentes, una violación). Los que exigen acción (volver a estudiar, toma de decisiones, cambio de profesión, hacer amistad, comienzo o final de una relación, uso del teléfono, afir-

El miedo genera un nivel de ansiedad que nos puede hacer daño psíquico y corporal.

mación de uno mismo, pérdida de peso, ser entrevistado, conducir un coche, hablar en público, cometer un error, tener relaciones íntimas). Y se podría agregar alguno más a la lista.

Una de las cualidades insidiosas del miedo es que tiende a impregnar muchos sectores de nuestra vida. Por ejemplo, si uno tiene miedo de hacer nuevas amistades, es lógico que también pueda temer ir a fiestas, tener relaciones íntimas, solicitar empleo, etcétera.

Esto resulta más claro si se mira el segundo nivel del miedo, que proporciona una sensación muy distinta de la del Nivel 1. Los temores del Nivel 2 no están orientados hacia la situación, involucran directamente a la integridad del yo.

Nivel 2: Rechazo, éxito, fracaso, vulnerabilidad, sentirse engañado, impotencia, desaprobación.

Los miedos del Nivel 2 están relacionados con los estados interiores de la mente más que con las situaciones interiores de la mente. Reflejan su sentido del yo y su capacidad de enfrentarse a este mundo. Esto explica por qué sobreviene en ese nivel un miedo generalizado.

·Contra los temores lo mejor que puede hacer es enfrentarlos con el ánimo de superarlos.

Si usted teme verse rechazado, ese miedo puede afectar a casi todas las facetas de su vida, sus amigos, sus relaciones íntimas, sus entrevistas para solicitar un empleo. El rechazo es el mismo dondequiera que se encuentre. De modo que usted empieza por protegerse a sí mismo, y como resultado, se limita enormemente. Acaba por encerrar y excluir al mundo que le rodea.

Vuelva a leer la lista del segundo nivel y verá cómo cualquiera de esos temores puede influir sobre muchas facetas de su vida.

El Nivel 3 llega a la médula del asunto: es el más grande de los miedos..., el que logra inmovilizar a cualquiera.

Nivel 3. ¡No puedo manejarlo! ¿Es eso? ¿Es eso lo realmente importante?, podría preguntarse usted. Sé que está decepcionado y que quisiera algo mucho más espectacular. Pero la verdad es ésta: ¡En el fondo de cada uno de sus miedos está simplemente el miedo de no poder afrontar lo que puede depararle la vida...!»

Nuestros miedos generan una tensión que produce estrés y nos lleva a enfermar, a ser menos felices y a perder calidad de vida personal.

El estrés tiene causas múltiples y muy complejas

Con ello queda demostrado que el estrés tiene un abanico muy amplio de causas, que se pueden poner en relación con factores tanto internos de la persona como externos, por el ambiente que nos circunda. Como venimos viendo hasta ahora, las causas del estrés son muy profusas y no existen una o varias causas que puedan producirla, sino muchas y de muy variada índole.

También va a depender el tipo de personalidad de la que se trate para que pueda soportar más o menos tensión. No todos tenemos los mismos puntos de vista sobre las cosas; también la manera de encarar los asuntos de la vida es diferente para unas personas con unos rasgos de personalidad que para otras.

Según este paradigma, el modo en que nos afecta el estrés va depender de quiénes somos, y por eso el estrés no tiene un nivel en el que podamos decir esta u otra cosa va a producir necesariamente un influjo que nos afectará de una determinada manera.

> Hay una serie de acontecimientos humanos que nos llevan al estrés, pero el que se puede controlar es el de nuestra vida cotidiana.

Simplemente, cuando vemos ciertos síntomas, o se producen ciertos efectos, podemos asegurar que el estrés en una persona concreta está teniendo su repercusión.

Evaluar el estrés

Existen muchos factores que pueden causar estrés, pero éstos están condicionados por características personales.

Un jugador de tenis —por poner un ejemplo— puede estar soportando un alto nivel de tensión a la hora de jugar un partido, y tener la misma tensión y no soportarla un espectador.

Existen escalas que evalúan el estrés; vamos a exponer aquí una de Holmes y Rahe, comentada en un estudio de Simón y Miñarro, en la cual podemos ver qué acontecimientos y cosas de la vida están asociados, o llamados a producir más o menos estrés en las personas.

Escala de acontecimientos vitales
(Holmes y Rahe)

1. *Muerte del cónyuge (100 puntos de estrés).*
2. *Divorcio (73).*
3. *Separación matrimonial (65).*
4. *Encarcelamiento o estar en la cárcel (63).*
5. *Muerte de un familiar cercano (63).*
6. *Matrimonio (50).*
7. *Pérdida del puesto de trabajo (47).*
8. *Reconciliación conyugal (45).*
9. *La jubilación (45).*
10. *Heridas o enfermedad (53).*
11. *Cambio en la salud de un familiar (44).*
12. *Embarazo (40).*
13. *Dificultades sexuales (39).*
14. *Existencia de un nuevo familiar (39).*
15. *Reorganización en la empresa (39).*
16. *Cambios importantes en el estado financiero (38).*
17. *Muerte de un amigo (37).*
18. *Cambio en las tareas profesionales (36).*
19. *Riñas en el matrimonio (35).*
20. *Desembolso mayor de 9.000 € (31).*
21. *Vencimiento de hipoteca o préstamo (30).*
22. *Cambio importante en las responsabilidades laborales (29).*
23. *Abandono del hogar por parte de algún hijo (29).*

24. *Problemas con los familiares de otro consorte (29).*
25. *Triunfo personal sobresaliente (28).*
26. *Esposa que comienza el trabajo fuera de casa o lo abandona (26).*
27. *Inicio o finalización de la escolaridad (26).*
28. *Cambio importante en las condiciones de vida (25).*
29. *Cambio de hábitos personales (24).*
30. *Problemas con los superiores (23).*
31. *Cambio importante en las condiciones o el horario de trabajo (20).*
32. *Cambio de residencia (20).*
33. *Cambio a una nueva escuela (20).*
34. *Cambio importante en el tipo y/o cantidad de tiempo libre (19).*
35. *Cambios importantes en la frecuencia de actividades eclesiales (19).*
36. *Cambio importante en las actividades sociales (18).*
37. *Contraer hipoteca o préstamos inferiores a 9.000 €. (17).*
38. *Cambio importante en los hábitos de sueño (16).*
39. *Cambio en el número de encuentros y relaciones familiares (15).*
40. *Cambios importantes en los hábitos dietéticos (15).*
41. *Vacaciones (13).*
42. *Navidades (12).*
43. *Transgresiones menores de la ley (11).*

Esta es una escala con relación a una población estadounidense; estos valores pueden también cambiar según se refieran a individuos diferentes; sin embargo, nos da una idea de algunos factores que son causa de estrés y con una

> Hay muchas cosas que podemos hacer para controlar el estrés.

valoración diferencial sobre cien puntos del efecto que puede producir, siempre considerando esos aspectos diferenciales.

Cómo podemos superar el estrés

Este libro está centrado sobre el autocontrol. Pero es necesario que tengamos un nivel de tensión normal, o equilibrado, para que seamos totalmente dueños de nosotros mismos; en otro caso, perdemos nuestra propia identidad y quedamos relegados a ser alguien un poco diferente, y por tanto perderemos parte de nuestro dominio o autocontrol personal.

1. *Consejos para vacaciones.*

Almudena Martínez expone en el apartado de un artículo titulado *Los consejos del psiquiatra para combatir el estrés* una serie de puntos que transcribimos de modo literal:

«Los psiquiatras recuerdan que las vacaciones de verano constituyen el momento ideal para cam-

biar el estilo de vida y dejar el tabaco, el alcohol o cualquier otro vicio. En este sentido, el 1 de julio, dicen, es una fecha muy oportuna para cumplir las promesas y convertirlas en realidad. El doctor Adolfo Calles, especialista en psiquiatría, recomienda las siguientes medidas para librarse del estrés durante las vacaciones:

— Evitar ruidos y hacer la misma rutina cada día.
— Aprender a relajarse y a ser más tolerante con los demás.
— Esperar pacientemente, no tener prisas.
— No vivir pendiente del reloj.
— Olvídese del trabajo, está de vacaciones.
— Hable lentamente, con calma, no interrumpa y sepa escuchar a los demás.
— Dedique más tiempo a la familia y a los amigos.
— Practique juegos sociales, como cartas, y otros que no sean competitivos.
— Evite las grandes comilonas, el café, las colas, el alcohol, y no fume.
— La natación es un deporte muy relajante y apropiado. Debe practicarlo diariamente.
— No abuse del sol. Un poco es relajante y mucho puede producir cáncer y estrés.
— La siesta es una "obligación" en los meses de julio y agosto en España. Además, nos la están copiando en Japón y en otras partes del globo.
— El viaje al sitio elegido puede ser un fuerte estrés de los más importantes, tanto si usted es conduc-

tor como si va de pasajero. Las investigaciones han probado que conducir es extremadamente estresante, por lo que tiene usted que preparar el viaje con calma y sere-

El autocontrol es posible con una vida sana.

nidad, parar cada ciertos kilómetros y tomarse con tranquilidad los atascos.

— *Por último, siga practicando estas medidas cuando se incorpore a su puesto de trabajo y en su ciudad, con los compañeros y la familia, durante el resto del año, para no caer en el estrés antes de que lleguen las vacaciones y pueda cargar baterías y soltar adrenalina de nuevo.»*

2. Vida sana

Está muy claro que contra el estrés lo mejor es organizarse una vida sana. Lo mejor, para *no sacar los pies del plato,* y ser autocontrolado, consiste en tener dominio de uno mismo; para eso necesitamos aliarnos con los buenos hábitos, que eleven nuestra calidad de vida.

«Acostarse preocupado, fumar por la noche y hacer ejercicios antes de ir a dormir puede perturbar su sueño y, para colmo, hacer que se despierte agotado. Sin embargo, existen trucos para levantarse en plenas facultades, desde tomar un soplo de aire fresco a poner música suave, pasando por esti-

*rarse antes de incorpo*rarse», nos dice Juan Manuel Barberá en un artículo de *Quo*.

Estar en plena forma es posible si atendemos a nuestros estados físicos y mentales. Hay que ser ordenados y rítmicos en todo lo que se relaciona con las cuestiones básicas (necesidades) de nuestra vida: comer, dormir, sexo, trabajo, ocio, descanso...

a) Deje de fumar (si fuma)

Prepárese mentalmente durante un cierto tiempo en la idea de que lo va a dejar; dígase: «¡Quiero y puedo dejar de fumar!» Debe ir generando, poco a poco, una cierta actitud negativa hacia el tabaco. Puede informarse de cómo esto afecta a la salud, de cómo usted pierde o ha perdido calidad de vida personal. Usted debe llegar a la conclusión de que fumar tiene un componente de tipo psicológico, por eso le vendrá bien hacer:

> Dejar de fumar y beber es bueno para controlar el estrés.

• Preparación:

Leer cosas que le aclaren lo que es el tabaquismo; luego, proponerse un plan de vida nuevo, hacer deporte, establecer un control sobre su dieta alimentaria, practicar la relajación... Debe ir cambiando lo que hace diariamente; evitar las costumbres más asociadas al tabaquismo, como fumar en una cafetería después del café o mientras bebe; durante una conversación; al finalizar la comida... Controle el contexto donde usted suele fumar, tanto de lugares como de circunstancias.

• Día de acción:

Procure ir mentalizándose a dejar de fumar, pero hágalo de una manera práctica. Fije una fecha concreta para dejar de fumar. Hasta ese día también ha podido ir disminuyendo su tasa de consumo de tabaco diario, hasta lograr la tasa cero. Cuando se quite de fumar, es previsible que viva un tirón orgáni-

> El equilibrio en todas las cosas que hacemos, la mesura, es la base para vencer el estrés.

co de unas 72 horas, luego todo es cuestión mental. No tiene por qué dejar de fumar en el primer intento. Dejar de fumar no es un acontecimiento sino un proceso. ¡Tenga muy claro que lo va a lograr...!

b) Ejercicio de gimnasia

No se trata de darle una tabla exhaustiva sobre gimnasia, sino de que usted vea que existen muchos y pequeños ejercicios que pueden tonificar su cuerpo, los cuales realmente, la mayoría de ellos, son fáciles de ejecutar y cumplen una misión. Con ellos uno se mantiene en forma, se relaja, y son la base para tener una mente sana dentro de un cuerpo sano, que es el objetivo máximo del autocontrol personal; estaremos en una disposición mejor para evitar el estrés.

— Ejercicio 1, de reforzamiento muscular del abdomen: En cuclillas, durante unos minutos, vaya caminando de rodillas, una detrás de la otra; manos apoyadas en el suelo (a cuatro patas).

— Ejercicio 2, para incrementar la circulación sanguínea en las extremidades inferiores. Sobre el suelo, tumbado de un modo cómodo, levante las piernas y póngalas sobre una silla o apoyadas en alto contra una pared (manténgalas así durante unos minutos).

> Mantener el cuerpo sano con el ejercicio físico también afecta al control del estrés.

— Ejercicio 3, de relajación muscular (se explica en este libro).

— Ejercicio 4, de visualización mental (se explica en este libro).

— Ejercicio 5, de respiración diafragmática: Comience respirando rápidamente, hágalo con el diafragma y los músculos abdominales; inspire-espire, inspire y sople (haga este ciclo durante un tiempo). Pase luego a otro tipo de respiración más sosegada (de recogimiento o de relajación).

— Ejercicio 6, de respiración de recogimiento (respire con cadencia, como si fuera una esponja): Aspire tranquilamente aire fresco, sienta bienestar. Espire despacio. Sienta una profunda sensación, como si todo el cuerpo respirase.

— Ejercicio 7, para mejorar la circulación: Trabajar el tono muscular, emplear aparatos como cintas elásticas que resultan adecuadas para mejorar la circulación. Empleo de pequeñas pesas... Con las cintas flexibles se pueden realizar ejercicios diariamente. Primero: Brazo doblado, actitud corporal recta: pisar la cinta metiendo el pie. Segundo: Sujetando la cinta arriba con la mano y brazo doblado, hacer el pensamiento de la cinta con movimientos de arriba-abajo.

— Aparato de pedales: Mejora la circulación y por tanto el ritmo cardiaco.

— Gomas elásticas cruzadas: Ejercicios propios para los abdominales.

— Pesas: Levantar y bajar pesas no muy grandes; ligeras (incrementan la presión sanguínea).

— Flexores: Los ejercicios con los flexores sirven para el mantenimiento de los pectorales, músculos de la nuca y de los hombros.

> Hay que aprender a autocontrolar el estrés dándonos cuenta de que lo padecemos.

— Ejercicio 8: En pie; pies separados, rectos, a la misma altura. Equilibrar el cuerpo corporal. Flexionar las rodillas (sólo un poco). Mover la pelvis hacia delante y hacia atrás. Regule la postura: Pecho abierto, hombros atrás; oscile la cabeza.

— Ejercicio 9: En pie; dé un paso hacia delante flexionando la rodilla. La otra pierna estirada. Cambiar de piernas (hacerlo varias veces).

— Ejercicio 10, en posición de «sastre»: Esta es una postura de yoga que le servirá para revitalizarse. No es fácil lograr esta postura (es la posición sentada que se adopta en yoga).

Hay infinidad de maneras de ponerse en forma.

— Ejercicio 11, para aliviar los pies y las piernas, favorecer la circulación de la sangre y evitar varices e hinchazones: Sentado, levante una pierna sujetándola con la mano por los muslos; hacerla girar en círculo (hacer esto varias veces con las dos piernas).

— Ejercicio 12, para fortalecer la espalda y evitar lordosis: Postura a gatas, debe arquear la espalda hacia arriba y hacia abajo.

— Ejercicio 13: Favorecen el fortalecimiento de la pelvis y del diafragma. Piernas juntas en posición horizontal. Pierna con la rodilla flexionada y plantas apoyadas; levantar y describir semicírculos.

— Ejercicio 14, a gatas: En esa posición realice balanceos suaves de la pelvis. Arquear y curvar levemente la espalda.

— Ejercicio 15, para fortalecer la espalda: Apoyar en una pared lisa la espalda y posición sentado; poner la espalda recta, estirar alzando el pecho.

— Ejercicicio 16: Sentado en el suelo con piernas abiertas; enderezar la espalda y estirar las piernas; intentar llegar a la punta de los pies con las manos. Con un pañuelo alrededor de los pies tirar (la otra pierna se mantiene doblada).

— Ejercicio 17, postura en cuclillas: Fortalece los músculos y los pies, y se adquiere elasticidad muscular. Levantarse con cuidado apoyándose.

— Ejercicio 18, con el cuello y los hombros: Tonifica la musculatura del cuello y mejora el riego sanguíneo. Se trata de mover la cabeza y el cuello suavemente en todas las direcciones posibles.

> No deje de practicar alguna tabla de ejercicios todos los días.

— Ejercicio 19, de hombros y brazos: Haga diversas posturas de estiramientos de brazos, arriba y abajo...

«Hacer deporte reduce el estrés, los problemas cardiovasculares y disminuye el absentismo laboral. De hecho, cada vez más empresas tienen más en cuenta la preparación física de sus empleados e incluso crean para ellos programas deportivos dedicados al fútbol, la natación o la gimnasia de mantenimiento», nos dice Jorge Iglesias López en un artículo sobre este tema.

Este es un hecho imposible de obviar: hay que hacerlo (la gimnasia o el deporte), si es posible, con la ayuda de expertos o de una persona que nos informe sobre cómo realizar estos ejercicios sin que pongamos en peligro nuestra salud.

CAPÍTULO IX

TÉCNICA DE VISUALIZACIÓN MENTAL

Viaje hacia el interior de uno mismo

Es bueno que de cuando en cuando usted haga un viaje hacia el interior de su mente; medite sobre quién es y cuáles son sus circunstancias. Quizá si está estresado encuentre que lo que le rodea no le gusta, o llegue a la conclusión de que necesita un cambio. Quizá tenga que hacerse fuerte y aprender a vivir con lo que tiene y lo que usted es. Reconocernos en los fueros internos con valentía es el primer principio para el autocontrol personal. Es a través de la mente como podemos ejercer un gran influjo sobre nosotros mismos. A nivel psicológico podemos generar una inmensidad de estados subjetivos que nos pueden beneficiar, tanto en el ámbito mental como en el corporal. Y es que el ser humano vive entre esas dos órdenes vitales: su cuerpo y la psique. Todas las cosas que nos rodean nos afectan en esos dos órdenes inseparables. Una única realidad, que es la del mundo psicosomático.

Logre estar todos los días a solas con usted mismo durante un tiempo que considere prudente. Encuentre un rato para la meditación y el silencio. Le vendrá muy bien para generar un mayor control sobre usted mismo.

Quédese a solas, en un lugar donde no tenga distracciones, donde sea posible cerrar los ojos y centrarse sobre sus fueros internos. Estaría mejor en una posición tumbada, u horizontal; abra un poco las piernas y extienda sus brazos a través del cuerpo. El mejor consejo para que adopte una buena posición es ponerse en la que usted se sienta cómodo. A lo mejor le gusta más estar sentado sobre una silla echando la cabeza ligeramente hacia delante, de tal modo que su nuca quede suelta, y apoyando las manos sobre los muslos.

> Una forma de recobrar el equilibrio perdido en la vida es mirarse uno hacia sí mismo, hacia el interior.

Cuando trate de meditar, de relajarse, procure estar sumido sobre usted mismo, pero a la vez con bienestar corporal. En esa situación procure relajar cada músculo de su cuerpo y tener una respiración acompasada, rítmica y profunda. Viva su respiración con intensidad, siguiéndola veladamente con su mente.

Cuando usted sienta que está relajado y que la tensión de su cuerpo ha disminuido, es el momento de que ponga en marcha su capacidad para la visualización mental. Esto supone simplemente que usted logre inducirse imágenes y situaciones subjetivas que le permitan estar bien y tomar conciencia de usted mismo.

Cuando logre crear una imagen, o tener una sensación en su mente, ésta no es neutra ni para su psique ni para su cuerpo. Si lo desea, puede hacer un ejercicio que le demuestre lo que digo.

> La técnica de la visualización interna trata de que usted se ubique en su espacio interno dominándolo para encontrar paz.

Cierre sus ojos e imagine un limón que corta por la mitad; una de esas partes ahora la sitúa sobre su lengua y la exprime sobre ella. Si ha seguido este ejercicio generando esta visualización mental, existe una alta frecuencia de que usted salive.

El limón existe sólo en su mente y la salivación es una respuesta fisiológica a un estímulo mental, que no cabe duda se basa en la experiencia real que tenemos sobre las cosas; es decir, las papilas gustativas de su lengua tuvieron la experiencia del limón real, lo que produce una reacción de salivación por la acidez.

Lo que queda luego en la mente es el recuerdo de la experiencia; lo que a mí me interesa destacar es que esa experiencia, como demuestra el tema de la salivación al imaginar las gotas de limón en la lengua, es que los recuerdos, la generación de imágenes y sensaciones, tienen una enorme potencia sobre el cuerpo y mueve a reacciones. A partir de aquí nos es fácilmente imaginable que todo lo que nos acontece en el mundo real quede en nuestra memoria y esto a la vez puede estar influyendo sobre nuestro cuerpo; en esta idea tan simple es en lo que se basa el estrés y sus consecuencias.

O sea, que lo que está en nuestra mente influye sobre nuestro cuerpo, así como lo que sucede en nuestro cuerpo influye en nuestra mente. Somos seres psicosomáticos; así lo desarrollo en una obra mía titulada *Procedimientos de Relajación*:

> «*La realidad mental nunca puede estar separada del cuerpo, porque esa realidad no es ajena al propio soma; es más, forma parte y es esa misma realidad material. No existe una mente en el cuerpo, una entidad que habite un lugar, un habitáculo llamado sistema nervioso. La mente es, en el orden material, una consecuencia de la naturaleza. La conciencia es un logro de la especie humana, un logro en cuya base se encuentra el cuerpo con sus múltiples funciones. Esto no quiere decir que el psiquismo quede desvalorizado, al contrario, vemos cómo esa realidad asombrosamente compleja deja de tener sombras y misterios. Nadie en la actualidad puede explicar la complejidad del psiquismo, pero se puede afirmar que la mente y el cuerpo son realidades mutuamente incluidas, mutuamente realizadas, desarrolladas.*
>
> *Cuando Freud analiza las somatizaciones por efectos de traumas psicológicos, en algunos tipos*

Las vivencias que generemos en la mente repercuten en todo el cuerpo, así como el estrés lo hace de modo negativo.

de neurosis, significa que hay tan estrecha relación entre el cuerpo y la mente que en determinadas circunstancias enmascaran los síntomas. Es frecuente en las consultas médicas y en los hospitales ver a individuos aquejados de dolores físicos que no tienen una realidad concreta en el cuerpo, sino que son reacciones de la psique para manejar situaciones altamente conflictivas. Recuerdo el caso de una chica aquejada de dolores en un pie cuyo origen desconocían los médicos y que se debía, probablemente, a la fijación de una reacción psicológica que tuvo su causa en la ansiedad que le produjo un accidente de coche. Para la ciencia queda suficientemente claro el entramado, la mismidad entre la mente y el cuerpo. Esta implicación próxima entre la mente y el cuerpo es lo que las técnicas de relajación usan para lograr una influencia de la mente sobre el cuerpo.»

> La visualización mental puede servir para ratificarnos en nuestras actitudes; es una forma de autocontrol.

En esto se basa también la Visualización Mental, la generación de estados interiores afecta a mi situación de persona. Una generación de un estado mental determinado puede ser la de estar en silencio interior, la de no tener nada en la mente (y esto es muy difícil de lograr y muy deseable para la salud mental y física). La generación de una conciencia interior determinada puede ser la de observarnos a nosotros mismos cada parte de nuestro cuerpo, sintiéndolas (es la base de la relajación...) No cabe duda de que todas estas cosas nos valen para ganar mayor confianza en nosotros mismos y autocontrolarnos en la cotidianidad de la vida.

Podemos generar vibraciones desde nuestra mente que afecten de un modo positivo a nuestra salud física. Esta influencia es tan real como que el estrés es el influjo de vibraciones negativas (producidas y generadas a través de las circunstancias de nuestras vidas) que nos afecta a la salud, enfermándonos, y esto es una realidad de nuestra sociedad. Podemos invertir el proceso y hacer de esas vibraciones generadas en nuestra mente fuentes de salud. En esto se basa también la Meditación como técnica sofisticada y profunda. Esto mismo lo trato en la obra anteriormente citada:

> «El objetivo fundamental de la Técnica de Visualización Mental consiste en dominar las vivencias vía mente-cuerpo, o cuerpo-mente, estableciendo la base de estados especiales de conciencia. Tocando, incluso, el mundo del cambio y mejora de las actitudes personales, y también la mejora de la calidad del estado corporal. El cambio de actitud psicológica interior puede ser utilizado por la persona para mejorar su propia concepción del universo que le rodea. De su propio universo, o del universo en el cual se ubica. La visualización mental puede generar en nosotros condiciones interiores en la línea del cambio. Esto puede llegar a tra-

ducirse en cambios de comportamiento, incluso más allá del momento en el cual se está.»

Está muy claro porque en un tema como el autocontrol debemos utilizar técnicas como éstas para fortalecernos interiormente, y el párrafo anterior continúa diciéndonos:

«Con la Técnica de Visualización Mental expresamos la idea de generar condiciones internas que van más allá de la propia situación en la que disfrutamos de ese estado. Podríamos utilizarla para dejar de fumar; para controlar un estado de ansiedad pasajero o permanente; una depresión de índole diversa; para descansar simplemente y eliminar el estrés...»

Después de llegar a un estado de relajación adecuado podemos iniciarnos mejor en la técnica de visualización mental.

Y podríamos añadir para ganar dominio de uno mismo, o autocontrol personal...

Cuando se quede solo, después de relajarse, ya en una posición cómoda, sea el director de su mente y comience, con los ojos cerrados, a vivir estados de conciencia especiales. Vuelvo a decir que uno de los ejercicios más interesantes consiste en intentar producir *silencio interior*; lo que se trata es de aprender a *no hacer nada*, aprender a *autoobservarnos* en el silencio de nuestro interior... La relajación nos lleva a un estado especial de conciencia llamado sofroliminal, y no deja de ser un estado inducido por nosotros mismos. La relajación es la base previa a crearnos estados especiales de conciencia. Vamos a exponer la técnica de relajación que propusimos en el libro *Dejar de fumar* en esta colección de autoayuda.

> Es importante que podamos hacer con nuestra mente aquello que queramos para vencer el estrés.

«*Técnicas de relajación en 22 pasos...*

1. En primer lugar, aprenda a relajarse en un lugar y un tiempo adecuado. Debe usted decidir si se relaja durante diez o veinte minutos. Al principio es necesario que el lugar donde se relaja sea el adecuado; es decir, elija un lugar donde esté solamente usted, y procure que nadie le moleste.

Estas son condiciones necesarias al principio del entrenamiento sofrológico.

Piense usted que esta técnica, una vez que la domine, podrá aplicarla de manera más automática en un breve espacio de tiempo, y quizá en cualquier lugar y situación, aunque no sean propiamente los correctos para llegar al estado sofroliminal.

Ahora aprenda a desconectarse y apoyarse en la relajación. Cada vez que sienta un estado de ánimo negativo aplique la relajación.

2. En principio, lo ideal para usted es que el lugar que elija para relajarse tenga las condiciones oportunas para lograrlo.

Es decir, que la temperatura sea agradable ni por defecto de calor ni por exceso. Adopte si es posible la posición horizontal, tumbado sobre una colchoneta o, en el cuarto donde usted duerme, sobre

Con la autosugestión y la imaginación el hombre tiene un gran poder.

la cama. Apoye la cabeza sobre una pequeña almohadilla, extienda los brazos a lo largo del cuerpo, apoyándolos sobre el sitio donde usted yace, de tal modo que su sensación sea la de descanso, de comodidad.

Con esto usted inicia el viaje hacia el estado sofroliminal; esta misma postura corporal ejerce sobre todo su cuerpo una bajada de tensión.

3. Elimine todo lo que pueda los estímulos del exterior, de tal manera que quede sumergido sobre sí mismo y sus estímulos internos. Es decir, logre cierta semioscuridad en torno a usted, evite que le lleguen ruidos externos y evite a toda costa que le interrumpan a lo largo de todo el proceso de relajación.

4. Debe quedarle muy claro que la relajación tiene diversos grados de experiencias. El primer grado que debe lograr es el de bajar su tensión corporal. Así que primeramente tendrá que aprender a descargar la tensión muscular. Una vez aprendido este grado, puede usar niveles sugestivos personales para trabajar la relajación para su beneficio psicológico interior...

5. Comenzamos, pues, una relajación de tipo muscular. La relajación corporal tiene una dirección. Es decir, nos relajamos desde la cabeza hasta los pies, y en esa dirección.

6. No hay mejor manera de eliminar los estímulos externos que comenzar haciendo aquello que todos los días realizamos para dormir, es decir, cerrar los ojos. Cuando lo hacemos nos sumergimos en el mundo de la semioscuridad, regresamos al estado de nirvana, al mundo de la no-acción.

La relajación es fundamentalmente el ejercicio del No-Hacer, o del Dejar-De-Hacer. Si entiende este concepto, verdaderamente está aprendiendo algo muy importante para que logre una relajación eficiente. Relajarse es aprender a Dejar-De-Hacer.

Deje que automáticamente su naturaleza tome el rumbo de usted mismo. Cierre los ojos. Sumérjase en la oscuridad y autoobsérvese. Existe una diferencia entre cerrar los ojos para relajarnos y cerrar los ojos para dormir. En uno estamos contemplativos hacia nosotros mismos (relajación), y en el otro desconectamos de todo el mundo consciente y nos sumergimos hacia la inconsciencia, el sistema reticular nos desconexiona (dormir).

Logre no dormirse cuando esté relajándose. La relajación comienza con una contemplación al cerrar los ojos...

7. *La relajación debe ser un proceso semidirigido por intenciones y técnicas. Una vez que cierre los ojos, debe desear que delante de usted aparezca una especie de punto luminoso que situará a unos centímetros de su mente.*

El ser humano es un ser psíquico con numerosos poderes imaginativos. Podemos construir imágenes mentales y usarlas de modo subjetivo. Tiene que ir dirigiendo su atención hacia diversas zonas corporales para bajar el tono muscular, o sea la tensión de los músculos de su cuerpo.

8. *Si hace consciente su tensión muscular podrá bajar mejor el tono tensional. Así que le sugerimos que cuando mentalmente centre su atención en una zona de su cuerpo, debe procurar vivir en él una situación de tensión para luego relajarse e ir bajando esa tensión todo lo que pueda. Y esta es la clave de la relajación puramente corporal. Tense y luego relaje. Dos momentos fundamentales a lo largo de sus ejercicios sofrológicos. Siempre debe lograr interiormente un estado sereno, pacífico y de disfrute con usted mismo...*

9. *El segundo momento de concentración después del punto luminoso que abre su frente hacia un estado de contemplación singular es centrarse en la cabeza. Trabaje por zonas la baja de tensión de la cabeza:*

• *Cuero cabelludo:*

El cuero cabelludo es la parte primera sobre la que comenzaremos nuestra técnica de relajación: tensar-

relajar. Tensando la frente hacia arriba, arrugándola, sabe que puede lograr tensar el cuero cabelludo. Mantenga tensada la frente hacia arriba contemplando la tensión que se produce en el cuero cabelludo; cuente: 1, 2, 3, 4, 5 en ritmo de segundos, manteniendo esa tensión, y luego relaje la frente de modo que el cuero cabelludo quede sin tensión. Logre relajarse también contando a ritmo de segundos: 1, 2, 3, 4, 5 y en cada cuenta ir eliminando más tensión de esa zona. Esta es la técnica básica que usted debe seguir: 1) Vivir-Tensión: 1, 2, 3, 4, 5 en segundos. Vivir-Distensión en segundos: 1, 2, 3, 4, 5, para todas las zonas corporales que ahora le vamos a ir indicando, y que usted debe aprender de memoria para luego ejercitarlas en el silencio de su cuarto...

• *Los ojos y la frente:*

Ahora se centrará sobre la frente. Arrugue su frente, pero ahora centrándose en la tensión que existe alrededor de la frente. Cuente: 1, 2, 3, 4, 5 y luego relaje esa zona. Cuente: 1, 2, 3, 4, 5 y relaje. Siempre profundizando la baja de tensión.

Ahora centre su atención en los ojos. Apriete los ojos tensionándolos y tomando conciencia de la tensión de los ojos. Cuente: 1, 2, 3, 4, 5 y luego relájelos. Cuente: 1, 2, 3, 4, 5.

• *La nariz y la boca:*

Ahora se centrará sobre la zona de la nariz. Arrugue la nariz notando la tensión que se genera en esa parte. Cuente: 1, 2, 3, 4, 5 y luego relaje esa zona cada vez más. Cuente: 1, 2, 3, 4, 5.

Ahora céntrese en la boca apretando la mandíbula, dientes contra dientes; note la tensión (1, 2, 3, 4, 5) y relájese (1, 2, 3, 4, 5).

Haga un repaso a la relajación que ha realizado en todas esas zonas, no es necesario que usted vuelva a tensionar esas partes. Simplemente haga un repaso bajando la tensión de todas las zonas de la cabeza: Relaje su cara bajando al máximo la tensión, y siempre un poquito más; baje la tensión de la frente: más, un poco más...; baje la tensión de las cejas y las que rodean a los ojos. Más, un poco más... Relaje la boca semiabriéndola, descargando la tensión de las mandíbulas. Más, un poco más...

10. Ahora vamos a relajar la nuca-cuello-hombros, *prestando atención diferencial a cada una de estas zonas. Siguiendo el mismo proceso de tensionar-relajar.*

• La nuca y el cuello:

Siguiendo un proceso lógico de influencia psíquica y somática, usted debe saber que si actúa sobre la zona de la nuca relajándola la sangre fluirá mejor hacia el cerebro. Esto obrará en el bienestar general de su cuerpo de una manera notable. Un mejor riego sanguíneo de su cerebro producirá un bienestar general notable.

• La nuca:

Concentre su atención en la nuca. Ya sabe que debe tomar conciencia de la tensión de la nuca. Para tensionar la nuca apriete la barbilla contra su pecho. Sienta la tensión de la nuca. Cuente: 1, 2, 3,

4, 5 y luego trate de relajarla aflojando la presión de la barbilla y soltando los músculos de la nuca. Haga pequeños movimientos con el cuello. Cuente: 1, 2, 3, 4, 5 y relaje su nuca lo máximo posible...
• *Cuello:*

Extienda esa sensación a toda la zona del cuello, haciendo esos movimientos suaves, incluso hacia atrás y hacia delante. Gire la cabeza suavemente relajando el cuello hacia un lado y hacia el otro...

11.	*Ahora debe concentrarse en los* hombros, brazos y manos.

• *Los hombros:*

Concentre su tensión en los hombros. Tensione los hombros hacia arriba y tome conciencia de la tensión (1, 2, 3, 4, 5). Ahora déjelos sueltos. Que los hombros caigan sobre su peso y reláyelos (1, 2, 3, 4, 5).

• *Los brazos y las manos:*

Concéntrese en los brazos. Ponga rígidos los brazos y cierre el puño, sienta la tensión (1, 2, 3, 4, 5) y luego relájese abriendo el puño y dejando flácidos los brazos hasta que no tengan tensión (1, 2, 3, 4, 5). Trate de eliminar desde los hombros hasta los dedos de la mano toda la tensión que pueda.

12. *En este punto haga un pequeño y rápido repaso a todas las zonas relajadas, pero ahora sólo intentando bajar la tensión.*

13. Ahora deberá eliminar la tensión de la espalda, caderas y nalgas *del mismo modo en que venimos actuando.*

• *La espalda:*

Fije la atención en la espalda. Tensione la espalda haciendo presión sobre las paletillas, de tal modo que se incremente la tensión sobre esta zona (1, 2, 3, 4, 5), y ahora afloje esa tensión, relajando cada músculo de esta zona (1, 2, 3, 4, 5).

• *Caderas:*

Sobre las caderas tome conciencia de la tensión de esta zona (1, 2, 3, 4, 5) y relaje cada músculo (1, 2, 3, 4, 5).

• *Las nalgas:*

Apriete las nalgas y sienta la tensión de esta zona (1, 2, 3, 4, 5) y ahora relájelas todo lo que pueda (1, 2, 3, 4, 5).

14. Ahora toca la zona del pecho y el estómago.

• *El pecho:*

Concéntrese en la tensión de su pecho (1, 2, 3, 4, 5) y relájese (1, 2, 3, 4, 5).

• *El estómago:*

Meta hacia adentro el estómago sintiendo la tensión de esta zona (1, 2, 3, 4, 5) y ahora relaje el estómago todo lo que pueda (1, 2, 3, 4, 5).

15. Ahora relaje las piernas y los pies.

• *Las piernas:*

Apriete las piernas hasta que estén muy tensas (1, 2, 3, 4, 5) y ahora relájelas lentamente (1, 2, 3, 4, 5).

• *Los pies:*

Ponga tensos los pies hasta que los sienta con tensión (1, 2, 3, 4, 5) y luego relájelos con pequeños movimientos circulares, quitando toda la tensión (1, 2, 3, 4, 5).

16. *Haga un repaso general de la relajación nuevamente, intentando bajar la tensión corporal de todas esas zonas lo máximo que pueda.*

En estos puntos básicos consistiría una relajación de tipo puramente muscular; a partir de este instante, la relajación debe incluir otras experiencias básicas que nos permitan llegar al estado sofroliminal.

17. *Aprender a respirar es una experiencia de relajación fundamental. Debemos respirar por la nariz a lo largo de todo el proceso de tal modo que ésta se haga con profundidad y sintiendo en todo momento el aire que respiramos. Hay dos momentos:*

a) Inspiración: El aire penetra por la nariz fresco y tenemos que notarlo en las fosas nasales y retenerlo en nuestro interior unos instantes.

b) Espiración: Arrojamos el aire hacia fuera, por las fosas nasales corre un aire caliente o tibio, arrojándolo todo en profundidad. Repetimos así el ciclo de la respiración.

18. *Puede provocar en todo su organismo vasodilatación a través de experiencias subjetivas, pero que de alguna manera influyan sobre todo su organismo. Por ejemplo, puede comenzar por su brazo*

derecho o izquierdo imaginando que es muy pesado (o también puede hacerlo imaginando que no pesa nada). Para ayudarse tiene que emplear su imaginación pensando en algo muy pesado, o algo muy ligero, y esto aplicándolo a su vivencia de peso o de falta de peso.

Cuando inicie esta actividad imaginativa y sienta de verdad esa sensación en un brazo, extiéndalo al otro, y luego al resto del cuerpo. Sienta finalmente todo su cuerpo muy pesado o muy ligero.

Se producirán por todas partes vasodilataciones, y seguramente sienta como un hormigueo. Esta es la mejor sensación para que sepa que está haciendo muy bien esta vivencia. Mejorará así su riego sanguíneo.

19. Puede intentar sentir y escuchar los latidos de su corazón y relajarse con él. Sepa que el primer sonido que un ser humano escucha en el seno materno es el latido del corazón de la madre.

20. Ahora deberá concentrarse en la boca del estómago, en el plexo solar. Ahí existe una encrucijada del sistema nervioso vegetativo; al intentar influir sobre él vivimos una sensación de relajación muy profunda. Al concentrarnos en la boca del estómago tenemos que imaginar un suave calor y esta sensación de calor deberemos extenderla al resto del cuerpo. Esta experiencia reclama mucha práctica, por lo que tendrá que ser paciente hasta lograr realizarla bien.

21. La última experiencia que le proponemos es que mantenga caliente su cuerpo a la vez que su frente debe estar fría, fresca. Para ello, le aconsejamos que imagine situaciones de frescor: unas gotas de agua fría sobre la frente; un hielo que se desliza suavemente sobre la piel de la frente, y todas aquellas imágenes que pueda evocar.

22. Salga de la relajación, siempre de un modo progresivo, respirando más fuerte, moviéndose poco a poco hasta que al final abra los ojos.

Técnica de Visualización Mental

Una vez que consiga relajarse, puede iniciar el proceso de la Visualización Mental con mayor eficacia. Quizá en la línea de un autor como Schultz, usted debe ahora continuar la generación de estados sugestivos especiales de conciencia. Este autor nos indica el camino de un segundo ciclo superior (lo que hemos visto sobre la relajación sería el ciclo inferior) y el tema de la visualización mental es equiparable con lo que él denomina ciclo superior.

El tiempo de entrenamiento para el ciclo superior es según este autor, para lograr algo de eficacia, aproximadamente entre seis meses y dos años, lo cual hace alusión a la dificultad que esto puede tener para lograr resultados realmente positivos. Es necesario tener paciencia y hacer ejercicio diariamente, pues la vía de la destreza es la experimentación diaria. Él nos introduce en una serie de vivencias que se denominan como:

a) La mirada hacia el centro de la frente.
b) Encuentro con el color personal.
c) Visión de otros colores.
d) Visión de objetos (mesa, libro, flores...).
e) Encuentro del sentimiento personal.
f) Visualizar otras personas.

En mi libro *Procedimientos de Relajación* propongo ejercicios diversos que aquí voy a enumerar para que le valgan como referencia en sus propias visualizaciones mentales:

1. Visualice medio limón exprimiéndose sobre su lengua (experiencia que verifica la relación mente-cuerpo).

2. Visualización de una situación de autocontrol positivo: sonreír a alguien que no es de nuestro agrado (situación de autocontrol).

3. Gustar, oler, ver, oír, tocar con la mente. Visualizar situaciones diversas y en relación con los sentidos (gusto de un sabor, veo un color, huelo el aroma de..., toco...).

4. Visualización mental de nuestro cuerpo. Contemplarnos desde dentro (partes de mi cuerpo, mi cuerpo como objeto pesado o ligero, mi cuerpo como luz, mi cuerpo en estado de felicidad, mi cuerpo como amor...). Se trataría de vivenciar situaciones emotivo-afectivas

básicas capaces de mover los sentimientos, pero de una manera equilibrada (autocontrol emocional...)

5. Visualización de un color de nuestro agrado. Autocontrol de las emociones con relación a los colores que visualicemos. Usar el color para teñir un paisaje. Creación de detalles: árboles, hierba... Ejercicios para hacer aparecer y desaparecer diversas situaciones... Imagine un paisaje de estrés (una ciudad) y trate de controlar la situación desde la serenidad y la calma.

6. Visualizar y crear imágenes (hacerlas aparecer y desaparecer). Veinte escenas imaginadas.

7. Representar en la mente percepciones auditivas. El recuerdo del sonido más agradable (¿quizá el del mar?).

8. Representarse en la mente percepciones táctiles. Visualizar el contacto afectivo más intenso y agradable que se viviera a lo largo de la vida (¿quizá el abrazo materno...?)

9. Representarse en la mente percepciones de gusto. Recordar el gusto más y menos agradable (ejemplo: limón).

10. Representarse en la mente percepciones de olfato. Traiga a la mente una sinfonía de olores. Quizá pueda evocar a través de un olor multitud de vivencias ya pasadas.

En esta obra que comentamos se dice sobre la imaginación como fuente de sugestión, base de un gran poder para el autocontrol personal:

«*Mediante la imaginación el ser humano, indudablemente, es capaz de multitud de acciones. Ella es fuente de sugestión.*

Mediante la imaginación podemos manejar el mundo de las imágenes mentales, y a través de ellas logramos estimular el sistema nervioso.

Es necesario aprender a recrear imágenes mentales positivas, mediante el uso de la ejercitación diaria, con la inclusión del establecimiento de influjo sobre el interior de las personas, en las actitudes y en los deseos. Se puede producir el cambio interior.

Es necesario aprender a hacer aparecer y desaparecer esas situaciones internas que generamos, llenarlas de detalles y borrarlas... Hay que dejarse llevar por las sugerencias internas.

El cerebro no solamente es el órgano director de toda la actividad somática, sino que también de alguna manera es el gobernador de la psique. La creatividad puede ser localizada, según los neurólogos, en el lóbulo frontal. Aquí es donde precisamente exploramos el mundo de la visualización mental.

Es hacia la frente donde debemos llevar todo el impulso, todo estado interno sugerido, y desde aquí irradiarlo hacia el interior de nuestro cuerpo, con deseo de llevarlo hacia fuera también. Esta es una zona expresiva, altamente significativa, donde situaremos espacialmente gran parte de nuestra imaginería.

Debe aprender a orquestar, en el lóbulo frontal, todo tipo de escenas. Y éstas a su vez cargarlas de energía psicológica, traducirlas en experiencias vibracionales.

La Visualización Mental puede ser aplicada para resolver problemas terapéuticos, para generar hábitos, cambiar de actitud interior, generar estados de conciencia especiales...»

Indudablemente, con este método podemos ayudarnos para y conseguir un mayor autocontrol de nuestra conducta lograr un mayor dominio de nuestra personalidad a través de mirar en el interior de nosotros mismos.

ÍNDICE